走近人物画大家

不忘初心，让作品说话
王宏喜评传

桂国强 策划
王宏喜 绘画
傅明伟 著

上海大学出版社

　　王宏喜，1937年10月19日生于江苏省灌云县。中国美术家协会会员，上海美术家协会会员。师承亚明、陈大羽、沈涛等。1964年毕业于南京艺术学院中国画专业，在上海人民美术出版社从事连环画创作工作，任连环画创作室"画三国"组组长。笔耕70余载，主攻中国人物画，兼工山水、书法、篆刻和插图。吸收西方绘画的优点，在创作过程中恪守意念、意象、意境、意趣的东方艺术理法观，用中国特有的笔墨取这四个"意"，悟其理，写其心，得心应手，融会贯通。注重传统文化内涵，作品着力展现历史大背景下的人情人性，渗透出宽广无限、气势磅礴的浩然之气。在国内外多次举办画展、讲学，作品被国内外众多美术馆、博物馆、寺庙等收藏。

王宏喜（右）与老师陈大羽（中）夫妇一起外出

1996年，王宏喜与亚明先生（左）交流创作构思

王宏喜与亚明先生交流创作构思

王宏喜、潘宝珠夫妇探望老师亚明先生

20世纪90年代初,王宏喜(左一)、潘宝珠(右)夫妇与恩师亚明、陈大羽(右二)合影

1997年,沪宁画家联展期间,王宏喜、潘宝珠夫妇探望老师著名画家宋文治(中)

1983年,王宏喜在上海静安区文化馆举办个展,上海中国画院院长程十发先生(右一)前来祝贺并与王宏喜亲切交谈

潘宝珠向国画大师陈佩秋(右一)请教艺道

20世纪90年代初,王宏喜、潘宝珠夫妇在"何家英画展",与何家英(中)合影

本书作者(右二)与王宏喜在"墨·可能——桂国强边缘书法展",向桂国强(左二)表示祝贺并合影

1996年,王宏喜参展作品《天佑中华》(与潘宝珠合作)在"95世界华人书画大展"中荣获金奖,王宏喜在人民大会堂参加颁奖典礼

获奖后,王宏喜、潘宝珠夫妇在人民大会堂前留影

王宏喜手捧"95世界华人书画大展"金奖奖杯

"95世界华人书画大展"组委会领导与王宏喜、潘宝珠夫妇合影

2011年,应中国驻日大使馆邀请赴大使馆官邸,程光华大使(右)亲切接见王宏喜、潘宝珠夫妇

2002年,王宏喜、潘宝珠夫妇随上海文化代表团访问日本东山魁夷美术馆与东山魁夷夫人(右三)合影

2011年，王宏喜、潘宝珠夫妇在日本参加"王宏喜、潘宝珠——中国画世界展"开幕式，画展获得日本各界的欢迎、祝贺

1987年，王宏喜书画展在日本大阪堺市超善禅寺举行，受到超善禅寺住持梶原重道（右）的热烈欢迎

1987年，王宏喜随连云港市文化代表团在日本大阪堺市超善禅寺与住持梶原重道交谈

2012年,上海香梅画苑贵宾、著名社会活动家陈香梅女士(中)向王宏喜颁发香梅画苑副会长证书

王宏喜与陈香梅女士共同创作

上海玉佛禅寺方丈觉醒大和尚（右四）、山东正觉寺方丈释仁炟（左四）与王宏喜、潘宝珠夫妇及本书作者傅明伟（左二）等友人合影

2007年，上海玉佛禅寺主办"王宏喜先生《五百罗汉长卷》展览暨《五百罗汉》画册首发式"

吴阶平（右四）夫妇来上海参加书画家笔会活动时与潘宝珠合影

王宏喜、潘宝珠夫妇与苏春生夫妇、傅明伟、张燕钧、张强（右一）等友人欢聚

王宏喜、潘宝珠夫妇和著名作家白桦（左二）夫妇、山水画家苏春生（左四）、傅明伟等友人欢聚

王宏喜、潘宝珠夫妇与上海人民美术出版社老领导和同事在一起欢聚，笑谈岁月往事，左起：汪观清、郑家声、王宏喜、潘宝珠、杨兆林、黎鲁及居纪晋夫妇

王宏喜在"墨·可能——桂国强边缘书法展"开幕时与龚心瀚先生（左二）、傅明伟等友人合影

2013年，在上海玉佛禅寺，王宏喜参加傅明伟编著的走近国学大师苏渊雷《苏渊雷文萃》《苏渊雷评传》首发式暨苏渊雷学术思想研讨会

2013年，王宏喜在上海书展参加傅明伟编著《走近国学大师》新书首发式

王宏喜、潘宝珠夫妇与山水画家周成（左二）等友人合影

王宏喜、潘宝珠夫妇参访改建中的上海玉佛禅寺，受到玉佛禅寺方丈觉醒大和尚的热情接待

王宏喜、潘宝珠夫妇与香港书艺会会长、著名书法家戚谷华女士（右一）合影

2016年，王宏喜在上海书展参加文汇出版社名画家画传签名售书活动

王宏喜、潘宝珠夫妇在家中热情接待来访的贝克公司董事（右二）并合影

王宏喜和知友黄恒美先生（右三）欢聚

王宏喜、潘宝珠夫妇与好友林德辉夫妇、高式熊夫妇、陆春龄（中）、潘建平等在上海兴国宾馆共度佳节

王宏喜、潘宝珠夫妇游新加坡、马来西亚、泰国途中留影

1991年,王宏喜、潘宝珠夫妇在南京秦淮人家宾馆与好友井安富(中)先生合影留念

王宏喜、潘宝珠夫妇与学生王家俊(左)等友人在上海豫园合影

潘宝珠与好友胡平侠(左)、林海萍(右)合影

王宏喜与杨顺皑(左)、陈振鸿(中)切磋艺事

王宏喜、潘宝珠夫妇与好友高式熊（左三）、王家俊（左一）等友人合影

1991年，王宏喜为南京夫子庙大成殿创作《孔子造像》，与日本友人合影

在傅明伟组织的创作笔会上，王宏喜、潘宝珠夫妇与郑家声、邱受成、顾炳鑫、曹简楼、赵宏本、乔木、胡海超、金正惠、应鹤光、陈鹤良、刘小晴、徐又武、许亚军、苏春生、蔡一鸣等画家合影

王宏喜在艰苦的环境中创作《天佑中华》

王宏喜、潘宝珠夫妇与友人在创作的《天佑中华》前合影

潘宝珠与上海老街画廊总经理陈谷良（右）等友人品赏神户牛肉的美味

王宏喜、潘宝珠夫妇祝贺"王家俊书画展"成功举办，与学生王家俊（右二）合影

20世纪90年代，傅明伟观看王宏喜创作

王宏喜出席"吴建平画展"开幕式表示祝贺

20世纪90年代初，王宏喜、潘宝珠夫妇及友人傅明伟来到连云港，感受海的咸涩、甜润

在傅明伟女儿的婚礼上，王宏喜赠送作品《圣观音图》祝福

2005年,著名书法家、香港书艺会会长戚谷华（前排左六）回到上海举办书法作品展,王宏喜、潘宝珠夫妇等好友前来祝贺

王宏喜、潘宝珠夫妇和汲古斋杨育新夫妇（左）等好友合影

王宏喜与韩硕、戴敦邦、刘旦宅等画家出席《名家彩绘四大名著》首发式,签名售书

1996年,王宏喜、潘宝珠夫妇在笔会活动中与好友朱元旦（中）合影

王宏喜、潘宝珠夫妇与董之一（左二）、高式熊（左三）、陈鹤良（右二）等书画家在知友林德辉（左一）家中合影

作者简介

　　傅明伟，曾师从现代著名文史学家苏渊雷先生多年，深受其教诲。信奉孔老夫子"学而不厌，诲人不倦""学而不思则罔，思而不学则殆"以及苏先生"生命的意义在于创造，而奋斗是它的手段"等格言。

　　出版主要作品有：

《世界妙语精萃大典》（河海大学出版社，1994年）

《世界名人格言精选》（世界图书出版公司，1997年）

《唐诗精品99首》（上海交通大学出版社，2002年）

《唐宋词精品99首》（上海交通大学出版社，2002年）

《中华千古名篇选读》（中央编译出版社，2006年）

《红楼梦写真》（上海锦绣文章出版社，2007年）

《走近国学大师——苏渊雷文萃》《走近国学大师——苏渊雷评传》（华东师范大学出版社，2013年）

目　录

序　　龚心瀚 / 001

前言　傅明伟 / 003

一、立志艺术，从大海边走来 / 009

二、好学深思，步入艺术殿堂 / 019

三、疾学在于尊师 / 029

四、天作之合，并蒂芙蓉 / 035

五、感念，情深意长 / 055

六、传承·创新 / 071

七、不忘初心，让作品说话 / 089

八、书籍插图与连环画艺术 / 105

九、老骥伏枥，再登创作高峰 / 115

十、谈古说今，书画同源 / 123

附录 / 135

　　王宏喜美术馆 / 137

　　王宏喜艺术年表 / 141

　　王宏喜谈艺录 / 153

　　王宏喜创作构思稿 / 169

后记 / 179

王宏喜作品选 / 183

序

　　王宏喜是中国著名的人物画画家，师承亚明、陈大羽、沈涛等大师，大学期间曾出版《蚕茧丰收》年画、《人物画参考资料》（部分）等作品。他于1964年毕业于南京艺术学院中国画专业，1979年起任江苏省科普美术家协会副理事长、连云港市美术家协会主席。1992年，其作为特殊人才引进上海美术馆，现为上海美术馆研究馆员。

　　王宏喜笔耕70余载，主攻中国人物画，兼工山水、书法、印章、插图，并将西方绘画的精华融入中国画的表现，在创作过程中一直恪守意念、意象、意境、意趣的东方艺术理念，将文学、哲学、历史等糅合在美术创作中。他注重传统文化内涵，作品着力展现历史大背景下的人情人性，渗透出宽广无限、气势磅礴的浩然之气。

　　在我的印象中，王宏喜曾创作了大量反映海港渔民生活及取材于古典诗词、历史人物和佛教题材的作品，视野宽广，表现形式丰富多样。他的《向海洋》《出海》《望海》《脊梁》以及《盛世修典图》《颜真卿造像》《赤壁怀古》《竹林七贤》《苏东坡赏砚图》等，就是描绘现实题材和历史题材的佳作。这些作品将中国美学意境的虚实相生、动静相应和写意渲染等演绎得淋漓尽致。

　　20世纪80年代中后期，王宏喜以首批中日文化交流使者的身份东渡扶桑，便在日本列岛刮起了一股"王旋风"。在大阪，他的《三国圣贤》组画成为轰动一时的话题，著名的大阪佛教会会址超善禅寺为了收藏他的作品，不惜以重金改建山门，并郑重更名为"王宏喜书画寺"，从而使该寺成为当地旅游的一个热门景点。

　　1995年7月，王宏喜和夫人潘宝珠精心创作了《天佑中华》。这不仅是画家对祖国的衷心祝愿，同时也表露了华夏儿女的共同心愿。1996年，文化部组委会在北京人民大会堂举行隆重的颁奖大会，《天佑中华》获文化部颁发的"95世界华人书画大展"金奖。

王宏喜的佛教造像引经据典，更把人性的美德融入神仙佛陀。他曾创作了长150米、高0.7米，由110张四尺宣纸联缀而成的《五百罗汉图》。画面中那活灵活现的500罗汉、200侍人、稚童以及飞龙、大象、凤凰、仙鹤、猛虎、骏马等，体现了王宏喜对佛教文化的精深领悟和水墨写意人物画技法的娴熟把握，不得不令人叹服。此作品现存于上海玉佛禅寺，并被誉为该寺的"镇寺之宝"。

王宏喜一直在探索、创新的艺术道路上孤独地行走着，他的作品既基于古，又离于古，异梦而同床，异象而同宗。艺术规律告诉我们：艺术，当寂寞走到尽头时，往往就是灿烂呈现之时——王宏喜的书画艺术正以一种高山流水般饱满热烈的生命状态，从曾经孤独、寂寞的必然王国大步跨入一个给人以无限想象的灿烂的自由王国。

王宏喜的作品不仅使画家自己获得了艺术快感，更给欣赏者带来了审美愉悦，令人心旷神怡，陶醉其中。

近又传来喜讯：为表示对王宏喜美术创作的尊重与敬仰，浙江省海宁市人民政府计划在该市的南关厢景区建立王宏喜美术馆，通过推介、展示王宏喜的艺术成就，让更多的观众和美术爱好者、研究者能够比较全面地欣赏、解读王宏喜的作品——这是一件值得庆贺的好事，我由衷地为王宏喜感到高兴！

一个优美的环境，可以影响人们对美的心灵感受。王宏喜美术馆建立的重要意义在于：书画艺术之美，对我们有潜移默化的审美及教育价值。观众在无声的观赏中，渐渐懂得什么是美，感悟怎样创造美……推而广之，如果有更多的人热爱艺术，走近艺术，这对一座城市乃至整个社会无疑是十分有益的。

在王宏喜美术馆开馆贺喜之际，傅明伟先生撰写了《不忘初心，让作品说话——王宏喜评传》一书，并邀我写序。作为与王宏喜相识、相知多年的朋友，我当然乐意接受。以上文字，便是我对王宏喜美术馆开馆及《不忘初心，让作品说话——王宏喜评传》出版的诚挚祝贺！

王宏喜年届高龄，仍自强不息、屡显余晖。我衷心祝愿老画家身体健康，创作丰收。是为序。

2020年初冬

（作者为中共中央宣传部原副部长）

前　言

近又喜闻：浙江省海宁市人民政府在南关厢景区建立王宏喜美术馆，用于作品展览、文化交流、推介和展示王宏喜的艺术成就，可喜可贺！

这时，我产生一个想法：写一本走近这位人物画大家的《不忘初心，让作品说话——王宏喜评传》，介绍王宏喜作为承继中华优秀传统文化，传承与创新中国人物画大家的艺术探索足迹，介绍这位自少年起就有绘画作品出版，至今年逾高龄仍不忘初心、在艺术高峰再攀登的老人。

文化需要承继和发扬，文化名人是承继和发扬的开路先锋，他们在文化发展的历史长河中像群星一样闪耀，使文化得以健康地发展，为文化的繁荣做出了贡献。

王宏喜就是这样一位对书画艺术传承、创新做出贡献的人物画大家。

江苏省国画院副院长、南京大学教授、当代著名国画大家、王宏喜的老师亚明先生这样称赞王宏喜："纵观王宏喜的艺术道路，一直恪守意念、意象、意境、意趣的东方艺术理法观，用中国特有的'笔墨'取这四个'意'，悟其理、写其心，得心应手，画自己的心事，将文学、哲学、历史糅合在同一的理法中。

"宏喜现已年逾花甲，正处创作佳期，如果没有特别的环境对他干扰，他将会对中国画做出更大的贡献，美术史上应有他一定的地位。"

此言一语中的，确切也。

中国画是心灵的艺术、感觉的艺术，是语言表达不出的艺术。

画如其人，从一个人的画可以看出其性格修养，知道其是扎实的，还是哗众取宠的或随大流赶时髦的，画家的个性就在其画作中。

今日王宏喜的绘画艺术正日臻炉火纯青，不难想象，王宏喜在卓成大家的艺术高山上，一定会跃上一个新的峰巅！

在一个春暖花开的日子里，我去上海武宁路拜访王宏喜、潘宝珠夫妇。

走进新村，映入眼帘的是满村树木，小路边花团锦簇，绯红碧绿，整洁安静，空气中弥漫着淡淡的花香。上楼进门后，问候，交谈，如今回忆起来，王宏喜当时给我的印象是一个儒雅的学者，眉清目秀，慧眼如炬，平易近人，一点大家架子都没有。王宏喜家住在大楼顶楼，客厅、画室连着顶楼平台庭院，窗明几净，非常精雅。庭院一角是潘宝珠老师种植的当季无公害蔬菜，长势喜人，另一角是用土砖砌造的小鱼池，池水清洌，池中的鱼或游或息，在阳光照射下显现出倒影。庭院四周摆放着大大小小的盆景，种植的春兰花姿色俊秀，幽艳吐芳，香气四溢，清雅沁人；杏花"满园深浅色"仿佛含情浅笑，似在邀人共赏春色；芭蕉叶片更惹人注目，它宽大阔长，嫩绿可爱，美不胜收。书房里悬挂着夫妻俩姓名中各取一字，王宏喜自题的"宏宝斋"匾额，画室里墙面绘面板上挂着刚创作完成的《百年钩沉》巨作（该画长6.55米，高1.43米），其内容的时间跨度为1843年（上海开埠）至1949年。这一切透出浓浓的书香墨气，足见王宏喜"谈笑有鸿儒"的情志及学问素养。

这一天在王宏喜家笑谈到很晚，还在其家中剥着连云港友人送给他的对虾干、长生果，品着黄鱼肚海参汤，喝着五粮液白酒。酒到情也到，王宏喜用那特有的半苏北、半普通话口音动情地对我说起他的以往经历及一波三折……

在王宏喜的娓娓而谈中，其年轻时刻苦学习、求知，从图书馆学到丰富知识，在这散淡平易的叙说中隐约可见一个勤奋好学深思的形象，可感受其在知识熏陶下所拥有的宁静超然的神采和达观睿智的人格魅力。

在"宏宝斋"的书房中，王宏喜是被书架上数不清的书"包围"起来的，至今他仍维持着令人惊叹的读书习惯：早晨睡个懒觉，午饭过后开始构思创作，深夜是他的"黄金时间"。他坦言："夜里安静，最适合读书。"

宏观的文化视野、丰富的艺术修养和学术积淀，加上独特的生活感悟，一旦转化为艺术形象和笔墨语言，往往会迸发出常人难以企及的艺术之光。古代和近现代画史上，顾恺之、郭熙、董其昌、傅抱石等就是杰出代表。王宏喜正是当今中国人物画创作领域中的翘楚。

我经常在王宏喜画室看他作画，那可谓是兴会淋漓，一饱眼福。也许是自己从小喜欢阅读，特别是历史、文学类书籍的缘故，所以一见到王宏喜在创作古代圣人、先贤、文学家、诗人、武将、仕女等形象，就想给他点上一支烟，俏皮地说："等等！以资鼓励一下。"这些作品笔调雄强苍润、线条飘逸自如，画出了古代名人所处的特定年代的氛围,尽管我在此前的书中从来没有见到过这些古代人物真实的、历史留下的存照,但在想象之中他们就该是这样的形象、神态、眼神。

更令我敬服的是王宏喜画好白居易的《琵琶行》后把600多字的诗文题款一气呵成地写就。他还讲了白居易的生平事迹和曾在市井里流传的逸闻趣事,可见在创作画之前,他早已将白居易"研究"透了。他的作品不仅笔墨功夫精到,腹中更是不缺学问。

艺术,当寂寞走到尽头时,往往就是灿烂呈现之时。山高水长是一种象征。

王宏喜的书画艺术正以一种高山流水般饱满热烈的生命状态,从曾经寂寞的必然王国大步跨入一个给人无限想象的灿烂的自由王国。

历史上的许多著名文人都能画画,他们的文学修养底子深厚,如王维、苏东坡、赵孟頫、徐渭等都是诗画兼能的人物。王宏喜也一样,文史哲、诗书画皆融会贯通,是当今画坛"天纵其才"的人物画大家。

王宏喜全身心爱画画,自称与画有"前世之缘",他正在画坛的"未竟之旅"中跋涉前行。诗人说:"凡是到达了的地方,都属于昨天。"而王宏喜在"明天"

王宏喜、潘宝珠夫妇与傅明伟合影

必将取得愈来愈大的艺术成就。

王宏喜以他的所为及作品告诉我们，一个人的人生，以创造性的劳动奉献于社会，推动中国书画的传承与发展，是活得有价值的，是能受到人们的尊敬的。

纵观王宏喜的人物画作品，观者自有评价，不需要，也断然没有我这样的外行置喙的余地。在写作本书之际，只好不避佛头着粪之讥，选了他一些作品作简要介绍，感受他作品中所传递的中华优秀传统文化、人文精神气质，以及审美和收藏价值。

本书内容架构如下：

第一部分：立志艺术，从大海边走来。王宏喜自幼家境贫寒，对绘画有着天生的兴趣及喜爱，对家乡浩瀚的大海以及渔民有着浓浓的情意。大学毕业后，多次回家乡写生、体验生活，用水墨丹青倾吐着自己的"初心"，用"览读大海、挥写史诗"的艺术实践，创作出令人瞩目的《大海》系列组画。

第二部分：好学深思，步入艺术殿堂。王宏喜以自己立志与学习求知经历告诉我们，人文经典是一座圣殿，它就在我们身边，一切时代的思想者正在那里聚会，我们只要走进去，就能聆听到他们的嘉言隽语。就最深层的精神生活而言，时代的区别并不重要，无论是两千年前的先贤，还是近百年来的今贤，都同样古老，也都同样年轻。一个不读书的人是没有根的，他对人类文化传统一无所知，本质上是贫乏和空虚的。

第三部分：疾学在于尊师。王宏喜感恩老师，动情地说："师恩难忘。"即便老师的模样已然模糊，但那些与老师共处的岁月会一直在他的记忆里，永不老去。这些名满士林的先生们，在传道、授业、解惑的各个层面扮演着各有风采的师长角色，叠印在他岁月的底板上，深刻地影响了他日后的艺术创作之道。应该向恩师们致敬！

第四部分：天作之合，并蒂芙蓉。王宏喜、潘宝珠伉俪情亲的爱情生活，情深意长。夫妇相敬如宾，诗画唱和，高山流水，体现了中国爱情的独特审美格调。

第五部分：感恩，情深意长。王宏喜曾说："故乡是我根，曾经养育我，让我成长。故乡有我的亲人，有熟悉的面庞，有熟悉的大海、大山、河流、土地，有亲切的乡音，有我美好的童年，承载着美好的回忆，岂能轻易忘记？"王宏喜重祖国情、师长情、朋友情、亲情、爱情，对世界充满爱，对人生充满情。

第六部分：传承·创新。王宏喜对当今国画的所谓"创新"有着自己明确的观点：有些作品不中不西、非洋非土，无论题材内容还是表现手法，都远离中国文化的意韵，与中国画底蕴相去甚远。他认为，相对于创新，今天的中国画更需要传承。这种传承并不是简单地指绘画技法，更重要的是一种对待中国传统优秀文化的态度。中国悠久的绘画传统是源，中国画莫要断了中国文化的根。中国画理所当然地应该是以中华民族自身的文化体系为旨归的，其精神内核和美学标准要与中国传统文化血脉相通。中国画变革绝对不能离开中国传统这个根，无根之木总活不久也活不长的。

第七部分：不忘初心，让作品说话。王宏喜从艺七十余载，不忘初心，一直尽心在做一件事，那就是传承中华优秀传统文化，不忘中国画的根。他的作品构图布局舒朗大气，不事琐屑，在传承中创新，在创新中守住根。可以说，他将中国美学意境的虚实相生、动静相应和写意渲染等要素糅合在作品中，创作出一幅又一幅反映当代日新月异景象的火热生活图景，记载下中华人文历史中的人物画卷而载入当代美术史。

第八部分：书籍插图与连环画。已故英国艺术史学家迈克尔·苏立文（Michael Sullivan）曾评说："中国绘画技巧最出色地表现在书籍与连环画中。"任何不断地进行探索、不断地记住探索结果、不断地寻找未知事物答案的人，都会实现最初理想的。王宏喜就是其中的一个。可以说，是连环画创作滋养了他日后的艺术创作。

第九部分：老骥伏枥，再登创作高峰。该部分介绍王宏喜创作长150米、高0.7米、由110张四尺整张宣纸联缀而成的《五百罗汉图》人物画长卷，该长卷前无古人，令今人难以超越。王宏喜以一位海派绘画传人的历史责任感，以"图像证史"的自觉，创作了一幅以海派艺术家群像（画面上有海派代表性的艺术家41人）为主题的人物画长卷《百年钩沉》（该画长6.55米，高1.43米），内容时间跨度为1843年（上海开埠）至1949年，被誉为"是一件美术史意义上的学术精品"。亚明先生称赞说："宏喜现已年逾花甲，正处创作佳期，如果没有特别的环境对他干扰，他将会对中国画做出更大的贡献，美术史上应有他一定的地位。"

第十部分：谈古说今，书画同源。抛弃传统、丢掉根本，就等于割掉了自己的精神命脉，博大精深的中华优秀传统文化是我们在世界文化激荡中站稳脚跟的基础。

附录部分：王宏喜美术馆。王宏喜认为画作属于人民，应该回归人民，而不是变成商品。王宏喜艺术年表和王宏喜谈艺录介绍了王宏喜艺术创作的经历、感想和收获。艺术必须拥有诗意的能量，不然它就不是艺术。

王宏喜的艺术成就贮存在他的作品里、他的语录里,乃是当今书画艺术界的精神财富。走近王宏喜,可以感悟读书、探索、传承、创新的重要意义;可以聆听画理的演绎,不忘初心,追求艺术,攀登高峰。纵观王宏喜的艺术足迹,硕果累累,美不胜收,阅读《不忘初心,让作品说话——王宏喜评传》这本书,可使读者诸君获益匪浅。

2020 年初冬

龚心瀚先生(右二)、李伦新先生(左二)与傅明伟、张燕钧(左一)合影

一

立志艺术，从大海边走来

希望和理想、目标戚戚相关。有理想，就有为之奋斗的目标，目标给人带来人生的希望，希望滋生了人的活力。

非学无以广才，非志无以成学。立志是学习之始，学习是成才的基础。学习知识，就像登梯子一般，踏上一级，见到的就更加广阔。

一、立志艺术，从大海边走来

王宏喜从浩瀚的大海边走来，大海给他了造型的能力、审美的情趣、生活底气和对于自然的深刻认识。

他将海与人物画糅合在一起。画中的梦境，笔下的人物造型，对祖国的爱，歌颂日新月异的伟大祖国及建设、乡情、乡恋、乡思、人文历史的传承，连同海的咸涩、甜润、芬芳，一同融入弥漫时代气息的大海系列组画作品之中，在春华秋实的艺术探索道路上一步步走来……

王宏喜向恢弘的历史走去，历史给了他人文选择、文化起点、生活睿智和对艺术的深层思索。

王宏喜是一个为艺术而生的艺术家。他以其孜孜不倦、不断进取的创新精神和风格，使自己成为当今画坛"天纵其才"的人物画大家。

1937年10月19日，王宏喜出生于江苏省连云港市，自幼家境贫寒，但天赋聪颖的他，对画画特别感兴趣，可以说是情有独钟。他经常在海边，眼对着海湾、渔港、桅杆、风帆……任凭海风吹起，静静地、好奇地看着，有时会拿起尖角的小石块随地涂画，有时在海滩捉蟹，有时就是赤着脚丫追逐浪花。抗日战争胜利后，读过一两年私塾，先后在灌云县四队小学、灌云县伊山初中、新海中学求学。即使1960年考入南京艺术学院中国画专业深造，每每在节假期归来，他也总是去那海堤上静静地坐上半天，或是走上捕鱼归来的渔船，与那些脸上印着岁月的皱纹、精神矍铄的古铜肤色渔民聊着关于大海的家常。

每个人的家乡始终是特别的，不值攀比，无需夸耀。不论或大或小，或贫或富，或新或旧，每个人的过去全都发生在这里。

20世纪90年代初，王宏喜携妻子回故乡连云港

王宏喜今天回忆起少时的沿街托钵乞讨、私塾先生循序渐进的教导苦心和尺打手心、燃荻读书，直至大学刻苦学习，求知、写生、劳动、观察等，他的眼中还不由自主地闪烁出些许动情的泪花……

20世纪90年代初，王宏喜携妻子潘宝珠多次回到大海边，回到他孩提时代筑梦的王国，回到渔村同老朋友畅谈世间的今昔。为了反映连云港翻天覆地的变化，围绕着连云港的昨天、今天和明天所演绎的曲折故事，折射并浓缩中华人民共和国成立以来的难忘岁月以及几代人追梦、奋斗的火热生活，真实刻画出几代人的所思所想所为和社会主义新时代主人翁们的精、气、神，王宏喜一次又一次投入火热的生活，回到炽热的建设工地边，创作出一幅幅鲜明的人物形象，热情讴歌祖国的日新月异、蒸蒸向上的景象。

"难道那一张张对欢歌笑语渴望的脸不该是我们创作的动力吗？那一个个淳朴真挚、善良正直的人和他们的故事不该是我们创作的素材吗？那一茬茬甘于寂寞、勇于奉献的人所表现出的精神不该是我们创作的主题吗？"王宏喜如是说，也是这么做的。

他不少画中的意境、笔下的人物造型，原来有迹可循，那正是连云港特有的风景。这道颇有辨识度的海岸风景线激发了王宏喜最不羁的艺术想象力。王宏喜代表作之一《向海洋》中的景象就来自连云港海边的一幕。

正是因为怀着对祖国的爱、对故乡的爱、对人民的爱，王宏喜才能妙笔生花，创作完成栩栩如生、尺幅千里的《大海》系列组画。

王宏喜在东西连岛体验生活，与当地渔民交流

一、立志艺术，从大海边走来

他在画中所追求的是艺术的理想、纯真的情绪；他在画中所歌颂的是大自然的造化、人文历史的传承。歌颂新时代的人民、日新月异的伟大祖国及建设更是他永恒的抒情主题。

世界上最快乐的事，莫过于为理想而奋斗。

著名电影戏剧表演艺术家李默然先生曾经说过："演员最大的安慰、最高的奖赏，是所创造的形象活在观众心里。"从邓世昌到李尔王，李默然先生做到了。李默然先生一生在舞台上塑造了60多个鲜明的形象，电影《甲午风云》中的邓世昌是最被观众熟悉和铭记的角色。李默然先生把民族英雄邓世昌的风骨鲜明生动地呈现在了银幕上，并将不屈不挠的民族精神永远地留在了观众的心中。

王宏喜在渔港写生

王宏喜也一样，从艺70余载，创作了数千幅栩栩如生的优秀佳作。他把中华优秀传统文化及人文历史通过作品一一展示，让人感受一种人文意境的升华，作品形象深深地印刻在观者的心里。比如《向海洋》《出海》《望海》《脊梁》《聚焦长江口》《世博功臣》《老子出关图》《孔子造像》《秦淮八艳》《孙武谈兵》《盛世修典图》《颜真卿造像》《赤壁怀古》《桃源问津》《竹林七贤》《苏东坡赏砚图》《熙凤戏彩》《达摩造像》《天佑中华》《西天取经》《五百罗汉图》《百年钩沉》等，以及《走近国学大师——苏渊雷文萃》《走近国学大师——苏渊雷评传》中所绘苏先生一生各个重要时期插图。

王宏喜从大海边走来，用水墨丹青倾吐着自己的"初心"，用"览读大海、挥写史诗"的艺术创作实践着自己的"初心"。

孟子曾说："天将降大任于斯人也，必先苦其心志，劳其筋骨，饿其体肤，空乏其身，行拂乱其所为。所以动心忍性，

王宏喜、潘宝珠夫妇在连云港与《连云港日报》的王梁等合影

王宏喜、潘宝珠夫妇回家乡连云港，在大海边流连忘返

曾益其所不能。"孟子的意思是，秉承天命到人间干大事业的人，老天必然给他安排厄运，使他饱尝失败的痛苦，经济上贫穷，忍饥挨饿，筋骨劳累。经过这样困苦的煎熬，具有了坚韧不拔的毅力和不可动摇的决心，原来不能做的事情都能做到了，从而成为实现上天意志的伟人。孟子认为：人要生存，要有所作为，要有出息，就要敢于直面内忧外患，就要历经一番艰辛困苦的磨难，就要历经一番肉体至精神的人生锤炼。孟子讲天命是唯心史观，我们不赞成，但讲人在磨练和奋勉中形成坚韧不拔、吃苦耐劳的精神，就是唯物主义的看法了。

　　同样，王宏喜能成为当今中国人物画大家也是历经锤炼的。他自少年起便喜欢绘画，读书一直刻苦，把图书馆当作第二个"家"。在课余假期，不论雨势滂沱，还是风雪飘飘，他从未中断，在这座人类智慧的宝库里，汲取知识，丰富、提高自己，获益匪浅。岁月的磨练，日积月累的求知、收获，考察大美壮阔的河山、历史人文胜景的实践，使他把中国绘画画理、文史哲等中华优秀传统文化融会贯通，运用在

王宏喜在连云港采风时与渔民交谈

绘画的实践中，取得令人瞩目的成就。

中国传统文化非常注重道德修养，"躬行践履"就是为此提出的主张之一。躬行践履，即亲自实行、亲自去做，体现了重视实践、深入实践的精神。北宋苏轼在《石钟山记》一文中，记叙了他深入实地考察，揭开石钟山得名之谜的故事，苏轼躬行践履之举，被后世传为佳话。

躬行践履，是一个人有所作为、成就事业的必由之路。查阅历史，李冰父子如果不是沿岷江两岸实地考察，弄清水情和地势等情况，就不能带领当地百姓建成大型水利工程——都江堰。司马迁如果不是游历祖国的名山大川，访贤搜史，了解遗闻轶事，就写不出《史记》。白居易如果不亲自和百姓接触，熟悉人民的生活，就写不出《卖炭翁》等反映民间疾苦的诗篇。

我们知道，实践是认识的源泉，人的认识是从实践中获得的。脱离了实践的认识，是空洞的、无用的。"纸上得来终觉浅，绝知此事要躬行"，南宋陆游《冬夜读书示子聿》对实践的重要性作了精辟的论述。

王宏喜爱大海，熟悉大海，更熟悉了解生活在大海边的渔民。他承继优良传统，躬行践履，走遍了连云港海边附近每一个渔村，走访、了解渔民的真实劳作、生活情况以及对未来生活的憧憬，画稿在他工作或外出写生中逐渐形成、成熟。只有对大好山河深深依恋，对人文历史好学不倦，日就月将，才能创作出《大海》系列的作品。其中《出海》，把他拉到海边。他又画《练海》，又画《海港晨渡》，又画《渔港晨曲》，又画《海带姑娘》，再画《耘海图》。他将其特有的笔墨手法在宣纸上呈现，走进大海的神韵，走进大海与人之间，充满浪漫主义色彩和浓浓的思乡之情，以新山水画的笔墨表现社会主义蓬勃建设的新貌。

王宏喜敬佩、熟知的前辈，著名文史学家、诗人、书法家苏渊雷先生1950年12月应《大公报》征文，写了一篇《我爱中国》的散文，以充满内心的喜悦，歌唱中国，歌唱解放了的中国。其中写道：

我爱中国。

黄河长江，白山黑水，锦绣平原，弯弯曲曲的海岸，不断起伏的冈峦。这是可爱祖国大地的风光。

金、银、铜、铁、钨、锑、煤矿，高粱、大豆、米、麦、丝、茶，滨海鱼盐、高原牛羊。这是祖国物质生活的资粮。

长城蜿蜒东西，运河贯通南北。罗盘、火药、活字版；建筑巍峨，茶食甘美，服用精良。这是祖国科学技术的高扬。

　　勤劳、朴实、慈祥、慷慨、豪爽、坚强。不畏强暴，不侮鳏寡。这是中国人民品质的优良。

　　我们祖先，披荆斩棘，开辟草莱；诸子百家，自由思想；唐诗、宋词和元曲，文学艺术放异彩。这是祖国历史文化的教养。

　　……

　　我爱中国，我爱解放了的中国。

　　从那翻了身的老农夫妇笑眯眯的眼缝里，从那在稻田、麦垄、果园、菜圃，愉快工作着的村女面庞上，从那穿红戴绿摇摇摆摆唱着东方红、打着小腰鼓的幼童歌咏队上，从那广大农村土改后丰衣足食文化生活的进步上，我们看到了新中国灿烂的未来。

　　从那身经千锤百炼的工人们健朗的笑声，摆脱了繁枷重锁的妇女们轻快的步伐、生龙活虎般青年学生活跃的姿态上，从那涌自八方汇集首都的劳动模范和战斗英雄的庆功宴上，从千千万万埋头苦干的工作人员用他们的热忱和智慧来迎接已经到来的建设高潮上，我们看到了人民力量的伟大，人民意气的飞扬！

　　……

　　王宏喜在图书馆查阅资料时看到苏渊雷先生的充满爱国激情的文章，从中受到鼓舞、激励，紧跟时代步伐，积极投入到创作中去。王宏喜画大海、画渔民、画改革开放后渔村的新气象。他把笔墨放在大潮迭起的时代变迁上，放在渔民生活的现实上，作品随画面溢出的不仅是快乐和幸福，还有激情的涌动……

　　王宏喜认为，只有一件事是重要的：爱人民，爱祖国，用心和灵魂为它们服务。为祖国和人民的利益而奋斗终生，这是每个人一生中最重要的职责。他赞同苏渊雷先生

20世纪90年代初，王宏喜、潘宝珠夫妇探望国学大师苏渊雷先生（右）时合影

所说，作为一名艺术家，不仅要服务于当前，还要在原有基础上，提高到鼓舞劳动与斗争生活，表现生产力与思想史齐飞、唯物论与抒情诗合抱的未来共产主义境界。

诗人艾青留下名句：为什么我的眼里常含泪水？因为我对这土地爱得深沉。

热爱祖国、歌颂祖国，是文艺作品的永恒主题。

王宏喜在书房学习、绘画

王宏喜重祖国情，赞同书画家首须抛弃斗方名士的习气，投向劳动大众的怀抱。要从新鲜事物、新鲜感觉中抉取题材，为可爱的祖国山河人物留下壮美伟大的印象，表达出鸢飞鱼跃的活泼气象。这样，才能表达劳动大众的审美观点与精神风貌，呈现百花齐放的民族形式。

改革开放、思想大解放，文艺春天的到来，新时代激情、火热的生活是充满绚丽七彩的。王宏喜采取热烈态度投身其中，并将内心对新时代的真挚情感投入艺术创作，从而使他的人物画具有强烈的时代气息。《向海洋》《脊梁》《盛世修典图》《世博功臣》等作品，无不在画家的笔下倾吐着对祖国、对人民、对足下这片热土的挚爱之情。

中国历史文化发展过程中，一直贯穿着勤奋自励的精神，这使得中国文化虽历尽沧桑，饱经磨难，却一直承传不绝，日渐辉煌。"业精于勤"是唐代著名文学家韩愈《进学解》中的名言，意为学业上的精深造诣，全在于勤奋。勤奋，是获取知识、成就事业之关键，亦是一个人获得成功的桥梁。

王宏喜把读书和思考结合起来，认为只有把学到的东西经过思考，成为自己头脑里"会发酵"的知识，才能做到像叶圣陶先生说的"活读运心智，不为书奴仆，泥沙悉淘汰，所取唯珠玉"。他信奉孔子"学而不思则罔，思而不学则殆"，在浩瀚的书海中学会提纯拔萃、弃莠存良，做到"博学之，审问之，慎思之，明辨之，笃行之"。可以这样说：王宏喜日后成为中国人物画大家，与其早年好学深思、吸收优秀传统文化精华，探究画理、砥砺前行的毅力是分不开的。

不忘初心，方得始终。在中国传统儒家文化里，初心即本心，是一个人最为真诚、质朴的愿望所在，发乎自然，没有杂念。人生中，最难得的是能够尽力摒除干扰，保持最本真的愿望前行，唯有这样，才能有始有终地完成自己的梦想。只有不迷失和忘记这份初心，砥砺奋进，坚持到底，梦想才能够实现。

王宏喜为祖国大地上的勃勃生机所感染，不由将传统画笔染上时代墨色，迸发出令人惊叹的创作火花。他画圣贤雅士，勾勒历史人文景观，豪情壮阔；他礼赞山河锦绣，大美华夏；他歌颂国泰民安，天佑中华，或温情脉脉，或激情勃发，呈现出时代精神与艺术创新的完美结合。

俄国文学批评家车尔尼雪夫斯基说过，美的事物在人心中所唤起的感觉，是类似我们当着亲爱的人面前时洋溢在我们心中的那种愉悦。这说明美感有使人愉悦的特征，是审美对象对审美主体所产生的特殊精神性的满足与享受。

王宏喜的绘画和书法作品遍及祖国各地，名山大川、寺院胜迹都留下了他的墨迹，如上海玉佛禅寺、上海龙华寺、上海静安寺、上海豫园、上海图书馆、上海博物馆、上海延安饭店、上海天益宾馆、上海新长江大酒店、浙江海盐绮园、南京博物馆、连云港博物馆、南京夫子庙、南京秦淮人家宾馆以及杭州、绍兴、宁波、苏州、海宁、深圳、北京、香港特区、台湾地区等地。另外在美国、澳大利亚、日本、韩国、新加坡、马来西亚、泰国等国都有他出神入化的精彩画作。

江苏国画院副院长、南京艺术学院教授、当代著名国画大师、王宏喜的老师亚明先生这样称赞王宏喜："纵观王宏喜的艺术道路，一直恪守意念、意象、意境、意趣的东方艺术理法观，用中国特有的'笔墨'取这四个'意'，悟其理、写其心，得心应手，画自己的心事，将文学、哲学、历史糅合在同一的理法中。"

此言一语中的，确切也。

观王宏喜的绘画和书法，欣赏其落笔挥洒自如的那般气势，行云流水的那种神韵，实在是一种美的享受。

二

好学深思，步入艺术殿堂

　　事常成于坚持，败于懈怠。为山九仞，功亏一篑。行百里者半九十。荀子曰："锲而舍之，朽木不折；锲而不舍，金石可镂。"刻刻停停，烂木头也不会折断；刻而不停，金属和玉石也能镂出漂亮的花纹。

二、好学深思，步入艺术殿堂

　　王宏喜从小对绘画有特殊的情感。他喜欢插图，香烟牌子上的画他也仔细端详，爱不释手，因为那上面有五颜六色的人物画、动物画、风景画。渔民家门前的符神画、窗户上的剪纸画、大门上的门神画、门楼上的砖画、庙宇里的壁画等他都喜欢看，喜欢照样子画，有时还添加上自己心中的形象画，博得少年同学们的一阵喝彩，都说画得很像，与香烟牌子、门神画等差不多，甚至更好看、更好玩！王宏喜得到大家的肯定，可得意了。他从此画笔随身带，想到、看到的都画下来，俨然成了学生中的小画家。

　　功夫不负有心人。1956年，王宏喜读初中二年级时，在江苏省举办的征画活动中，崭露头角。他的一幅《有求必应》漫画作品受到评委一致好评，并刊登在江苏省《江苏体育报》上。

　　1954年王宏喜考入伊山中学。他说："早年在学校念书时，就已经确立了学习国画的志愿，因为遇到了几位好老师，他们不仅水平高，而且讲课循循善诱，引人入胜。"此外，老师还鼓励他课余到校图书馆读书，扩大知识面。王宏喜说："校图书馆入门领一块出入证小木牌，不需要出示证件，不办任何手续。交出入证便可以换得所借图书。还书时取回木牌，出门交还。馆中书不多，但足够我看的。阅览室中玻璃柜里有罗贯中的《三国演义》、保尔·柯察金的《钢铁是怎样炼成的》、高尔基的《我的大学》，还有苏联漫画刊物《鳄鱼》杂志等，可以指定借阅，真是方便。冬天生一座大火炉，室内如春。星期天我几乎是天天去，上午、下午坐在里面看书，读了《国画技法》《人物造型技法》等书，心里十分敬佩这些书画家。"当然，这些书中的大多数内容，他都能看懂一些，这便激发了他对书画艺术的学习和钻研兴趣。他在这里阅读了许多在家乡小学中闻而不能见面的大学者大文人的名著。他接着又说:"如果没有这所图书馆,我真不知道怎么能打开那真正是无尽宝藏的知识宝库的大门。图书馆开放了,陶醉在书海中的欣喜我至今难忘。"

王宏喜为学绘图,满足求知的愿望,买到一本《芥子园画谱》,他宁肯几天不吃午饭,也省下钱去县城书店买了这本书,心里甜滋滋的……

王宏喜在谈到少时读书时记忆犹新。他说,他幼时读过南宋哲学家朱熹的诗:

少年易老学难成,
一寸光阴不可轻。
未觉池塘春草梦,
阶前梧叶已秋声。

还读过一首《惜阴》的诗:

一寸光阴一寸金,
寸金难买寸光阴。
失去寸金还犹可,
失去光阴何处寻?

珍惜光阴要善于抓"今"。伟大的莎士比亚说过:"在时间的大钟上,只有两个字:现在。"一个聪明的人,总是不被明日累,总是高唱今日歌。

聪明人也常常是善于"惜取"时间的人。三国时代,魏国大司马董遇很有才学。他经常告诫他的学生,要惜时如金,充分利用"三余",即"冬者岁之余,夜者日之余,阴雨者时之余也"。宋代著名的文学家欧阳修,留下了不少著名诗歌和散文。有人问他学问来自何处,他答道来自"三上",即"马上""枕上""厕上"。董遇的"三余",欧阳修的"三上",大都是些稍纵即逝,看起来颇不起眼的零星时间,但只要自觉地、及时地抓住它不放,它就会乖乖地为你所支配。王宏喜知道,人要增长知识,就要爱惜时间。"时间是个常数,但对勤奋者来说,是个变数。用'分'来计算时间的人,时间要多59倍。"若仅是人生的匆匆过客,在世界上彷徨一些时日,到离开人间的时候没留下什么奋斗的足迹,能不感到空虚与悲哀吗?

挤出的时间是宝贵的,在挤出来的一点时间里读书,细细地品味,是幸福的。

前辈读书人说过："书非借不能读。"借来的书是有期限的，读起来有紧迫感。在纸页的翻动中，在掩卷的冥想里，读书正在改变一个人的知识点、修养与心中要想达到的理想……

汉乐府诗用富有哲理性的语言告诫人们："百川东到海，何时复西归，少壮不努力，老大徒伤悲。"

陶渊明说："盛年不重来，一日难再晨。及时当勉力，岁月不待人。"

岳飞在《满江红》词里大声疾呼："莫等闲，白了少年头，空悲切！"

1963年毕业前，在南京艺术学院校门口全班同学拍照留念

这些都是王宏喜所熟悉的前人生动诗句。

都说，老师是学生的人生导师，是引路人，此言不虚。

王宏喜真正打下坚实的艺术基础还是在1960年考进南京艺术学院之后。南京艺术学院是一所历史悠久的艺术殿堂，中国美术教育家刘海粟是它的奠基人之一。王宏喜能成为这里一名学子，内心是充满感激、自信、骄傲的，四年的大学求知生活，王宏喜得益于陈子佛、傅抱石、亚明、宋文治、沈涛、陈大羽等老师的教诲，受益匪浅。他一点一点懂得，画画就是创作艺术；艺术，就是创造美。无论画什么，归结到一点上，就是创造美的世界，让人们在审美中获得美的享受、情感的愉悦、境界的升华。苏渊雷先生说："学贵深造自得。"孔子说："古之学者为己，今之学者为人。"孟子说："充实之谓美。充实而有光辉之谓大。"为己即是充实自己，提高自己的精神境界。自己受用，然后才能经世致用。此言确切也！知识是靠积累的，王宏喜深感作为一名中国人物画画家，必须对中国古典文化有深入了解，也更理解了多位老师喜读经典诗歌、散文名篇及优秀传统文化作品，临摹和研究画理对艺术创作的价值。在读了大量的诗歌、人物传记、绘画理论、散文名篇后，王宏喜的中国古典文学修养日益提高，加强了对人物画创作的思考和理解。这些长年累月

1962年，王宏喜毕业期间与好友合影留念

的积累，对他以后构思、创作大幅人物画作品极有帮助。

王宏喜对艺术怀有使命感和责任感，对祖国的山山水水抱有质朴的情感。为了自己的追求，他浑身充满求知动力。

我在写本书时，想起我求学问道的老师、学者李文庠先生在一篇论述希望的短文中写道：

希望是一个美丽的花环，它使生命美好，使生命充满诗意。希望是一副兴奋剂，在战胜困难的关键时刻引发人的潜能，给人以强大的力量。当心中怀有一个美好愿望的时候，人生的过程便有美好相伴。心中有阳光，美丽就外现。美好在心间，脸上就灿烂。

希望使人变得从容，从容来自自信，自信来自对未来的把握。把一个美好的希望锁定，然后一步一个脚印地去接近它。

此言确切，说出了学子内心的感爱。

在南京艺术学院亚明、陈大羽等几位老师乐育人才、春风化雨的辅导下，王宏喜沉潜到一本本好书里，与一个个有智慧的灵魂对话，让自己破茧而出，化蛹成蝶，让梦想在书香里开花。他学而不厌，系统地学习了中华美术理论、传统经典作品临摹、西方美术史等一系列艺术的课程，使他的美学创作更上一层楼……

王宏喜有志竟成，其日后在艺术创作中所取得的不凡成就告诉我们，有了抱负的人，才可能在学习上、事业上经得起磨练，从而获得成功。

王宏喜在回忆中学、大学求知岁月中动情地说道："我离家（上学）以后有不少生活时光是在免费的图书馆中度过的。我看书如同见活人，读书如听师友谈话。对我来说，昔日图书馆正如李义山诗句所云是'平生风义兼师友'了。

"平生风义兼师友"这句诗原是唐朝诗人李商隐对他的一位友人的赞颂。意思是说朋友操行高尚、品行高洁，不仅仅可作为朋友，更可作为自己的老师、学习的榜样。

王宏喜在又说：

"大学里的图书馆，它成为我的第二家庭，介绍给我数不清的良师益友。……（在中华优秀传统文化、历史人文典籍里）这些良师从不对我摆任何架子，有求必应。只有我离开他们，他们决不会抛弃我。

所有名著都经得起反复读。你读完一本书后，如果很感兴趣，又不完全懂，那么立即重读一遍，你会发现更多的东西。如果几年前你读过一部名著并且喜欢它，就再读一遍。书里还有那么多的东西要告诉你，你简直不会相信这是同一本书。"

正如斯蒂夫·爱伦所说，"不要只把你的脚尖浸在名著这潭深水中，要跳进去，像前面一代代聪明的人一样。你会觉得自己的灵魂深处被那些历史上最有天赋的作家的思想和洞察力鼓舞着"，王宏喜将自己的灵魂深浸于知识的海洋。

阅读是与历史上的伟大灵魂交谈，借此把人类创造的精神财富"占为己有"。

《论语》中子夏曰："博学而笃志，切问而近思，仁在其中矣。"讲的是儒家增进学业、修养人格的工夫。

读经典的过程，或许不如阅读通俗文学轻松、有趣，有时还比较艰涩、沉重、辛苦。但阅读的过程，是走进历史文化肌理和内核的过程，也是丰富认知、完善人格、精神升华的过程。

王宏喜在谈到年轻时读书感受时说道："我并不是把自己当作阅读的代言人，只是觉得自己承受过书籍的润泽，从书籍中获取了不少古今的绘画理论及历史知识。养成读书的习惯，才能积少成多、聚涓涓细流成浩荡江河，这对从事艺术创作有很大益处。"

宋真宗赵恒在《励学篇》中说：

　　富家不用买良田，书中自有千钟粟。
　　安居不用架高楼，书中自有黄金屋。
　　娶妻莫恨无良媒，书中自有颜如玉。
　　出门莫恨无人随，书中车马多如簇。

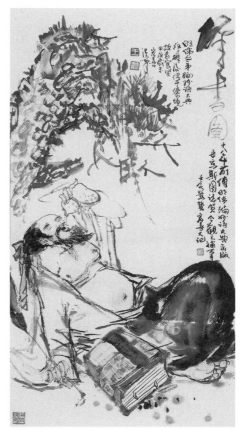

王宏喜作品《醉书图》

男儿欲遂平生志,五经勤向窗前读。

如他所言,书中既然有"千钟粟""黄金屋""颜如玉",岂能不让人心生向往?

此诗勉人读书,这几句"书中自有"口耳相传至今,尽管诗中有追求荣华富贵、功名利禄之嫌,但其生动形象的比喻,影响深远,可见其长盛不衰的生命力。

清朝的康熙皇帝非常注重阅读。他认为,做人的首要任务就是读书和修养自身。他有很多的切身阅读体会,认为记载文字的书籍乃是天下的宝贝,"朕自幼读书,间有一字未明,必加寻绎,务至明惬于心而后已",方是得读书真味。

美学家朱光潜先生在《谈读书》中对青年说道:"你每天真抽不出一点钟或半点钟的工夫么?如果你每天能抽出半点钟,你每天至少可以读三四页,每月可以读一百页,到了一年也就可以读四五本书了。"王宏喜在大学期间读到这篇至善之文,内心涌动,升起一股浓浓的读书求知、探究中华传统绘画经典理论的强烈欲望……

文学传承语言、历史与思想,读好书的意义不仅在于修养自我,更会让这个偏安一隅的小小自我以神游的方式,参与到另一个时空的存在与记忆中去。学习需要思考。孔子曰:"学而不思则罔,思而不学则殆。"学习是劳动,是充满思想的劳动;思考"可以构成一座桥,让我们通向新知识"。

老师引领弟子治学既厚爱又严苛,能够得到老师们的首肯,王宏喜自信了许多,而其"重积淀、厚基础"的严谨学风也培养了良好的读书习惯以及对史料的重视。这使王宏喜日后养成良好的读书习惯和创作历史人物画时对史料的重视。在王宏喜散淡平易的叙说中,隐约可见一个勤奋好学深思的智者形象,其拥有宁静超然的神采和散发着达观、睿智的人格魅力。

王宏喜不仅喜欢诗,而且有自己的见解,也常常寻求诗的意境。他说:"我向来爱好诗,经常闲时背诵它,特别是那些久经岁月磨练的古典诗章。这些诗差不多每篇都有自己的新鲜的意境、思想、感情,耐人寻味。"他自有个人的生活情趣,喜欢沉思,在创作画空闲休息时,他的房间,总是静悄悄,偶尔,微风传出轻轻的朗读声,那是他在吟咏诗词。在这大学求知的日子里,他好学深思,吸取中华优秀传统文化精华,给日后的创作打下了坚实的基础。

"自天子以至于庶人,壹是皆以修身为本。"(《礼记·大学》)

修养是个含义广泛的概念。这里的"修"主要是指整治、锻炼、学习、提高;

这里的"养",主要是指培育、涵养和熏陶。概括地说,修养主要是指人们为了一定目的所进行的勤奋学习和涵养锻炼的工夫,以及经过长期努力所达到的某种能力和品质。

修养,是使人成为人才的通途,它的目的是使个体的人具有人类中先进人物所共有的精、气、神。人的修养程度,决定自身的潜在智慧能否充分发挥,进而决定人在事业上的成败。

王宏喜的读书、求知使他深深地领悟到:

知识是一切美德之母。书籍是知识的载体,善于读书是获取知识的重要途径和塑造自己人格的重要手段。书是和人类文明与社会历史一起成长起来的。书籍记录了人类历史和人类对于自然界的新发现,记载了古今中外所积累的知识和经验。

每一部经典作品都扎根在人类精神生活的至深土壤之中,正因为如此,才能够在不同时代的个人的心灵中抽出新芽。

王宏喜知道,一个不读书的人是没有根的,对人类文化传统一无所知则本质上是贫乏和空虚的。书籍中描绘了多姿多彩的自然景观与波澜壮阔的历史画面,弥补了时间和空间的局限。人类历史在不断发展,书画艺术创作也日新月异地发生着变化。我们既要留住我们民族优秀文化的根,也要借鉴、吸收一切外来优秀文化为我们所用,要不断地学习,用新的知识充实自己。

王宏喜在阅读中更加明晰了自己的志向。明代学者王阳明说:"志不立,天下无可成之事。"志,就是人们立下的奋斗目标,以及为实现这一目标而下的决心。志——人的精神世界,人的精神支柱。一个人追求的目标越高,其才力就发展得越快。

高尚志向,自觉磨砺,使王宏喜前后判若两人。没进入南京艺术学院前他虽有志向,希望像书中介绍的画家那样在艺术创作上有所成就,但那时他只有"日近长安远"。千里之行,始于足下,任何远大的目标都是从目前细微的小事情做起的。进入南京艺术学院后,他经过老师们的因材施教、衣钵相传,自己在学习上心慕手追、锲而不舍地练习,实践出才干,画艺从此精进,得到老师及同学们的称赞,成为老师的得意门生……

立志和砥砺联系在一起,立志使砥砺有了动力,使人能自觉地接受磨练;经过实践中的磨砺,理想得以实现。这里重要的是立志。立志可以使人按既定的方向去提高修养和进行锻炼,预先确定在道德修养中所要实现的改变,成为对祖国有用的人。

一个人生来有头脑，有智慧，又有一双手，那么运用自己的头脑、智慧和双手，为传承中华优秀传统文化、为艺术的创作作一些有益的探索，这才算有意义的生活，才不至于虚度一生。王宏喜是这么思考着，也是这么做的，为自己的初衷，为实现理想而努力着。

王宏喜在书房作画

三

疾学在于尊师

荀子曰:"有师法者,人之大宝也;无师无法者,人之大殃也。"人非生而知之者,知识靠学习,没有老师的"传道、授业、解惑",我们就不可能"坐集千古之智",学到大量科学文化知识。人类积累的科学文化知识不仅无比丰富,而且都有其系统性,有其结构和层次。老师不仅传授我们知识,也是我们攀登知识高峰和渡过迷津、到达知识彼岸的指引者。

三、疾学在于尊师

从古自今，我国就十分重视老师的作用。韩愈在《师说》中写道："古之学者必有师。师者所以传道、授业、解惑也。人非生而知之者，孰能无惑？惑而不从师，其为惑也，终不解矣。"他从辩证的关系阐述了从师解惑的道理。柳宗元在他的《师友箴》里也说过："不师如之何？吾何以成？"他是从师的角度发出了不从师则不能使事业成功的感叹。可见，从师求学对一个人来说是何等的重要。

几千年来，我国一直保持着从师尊师的优良传统，正如《吕氏春秋·劝学》所说，"古之圣王未有不尊师者，尊师则不论其贵贱贫富矣"，"疾学在于尊师"。时至今日还流传着许多从师尊师的佳话。宋代有个叫杨时的人，是程颐的学生，他40岁时到洛阳去拜见程颐，他与另外一位同学来到程颐家的时候下起了大雪，程颐正在睡午觉。他们就站在门外静静地等候，直到程颐醒来，这时雪已经下了几尺深。这就是成语故事"程门立雪"的由来。还有为了读书求知识，拜师受尽了苦难，在历史上的例子也屡见不鲜。汉朝时有个叫承宫的少年，从小失去父母，他8岁那年替人家放猪，每天他赶着猪群路过学塾时，就偷偷地去听课，主人知道后就用鞭子抽他，后来老师徐子盛出来讲情，才使他解脱。承宫就向老师提出给学塾拾柴，劳动之余和学生们一块听课的请求，徐子盛受他的求学精神感动，便收留了他。承宫"执苦数年、勤学不倦"，终于学通了经书。三国时的邴原，11岁时双亲就去世了，他拜在老师的门下，勤学苦练，终于成为有名望的学者。《后汉书·李固传》中亦有李固"少好学，常步行寻师，不远千里"的佳话。

王宏喜在南京艺术学院求学深造期间，风华正茂，先后师从亚明、陈大羽、沈涛等老师。亚明先生善于捕捉平凡中的奇特、繁复中的本质，善于发现纵情之美与传统法则之间的纽带，还善于用水墨丹青表现纵情之美，凡是看到了，想到了，就

王宏喜在苏州近水山庄听老师亚明对作品创作的构思讲解

一定能创造在纸面上。陈大羽先生擅长画大写意，兼及书法篆刻。他的画重激情，重气韵，重笔墨功力，劲健奔放，焕发阳刚之气。沈涛先生工写兼长，画面注重工整谨严、淡雅含蓄。老师们发蒙解惑、面命耳提，王宏喜受益匪浅；老师们诲人不倦，王宏喜如坐春风。

下午的自习时间，王宏喜还有一个心向往之的去处，那就是老师家。而且从某种程度上说，在老师家里能学得更加贴近，更加具体，更加形象，也更加难忘。因为在老师家里，看老师怎样用笔落笔，怎样调色上色，那都是展示在眼前的，历历在目，获益匪浅。在学校节假期间抓住分分秒秒去图书馆研读优秀传统文化经典，探究画理，"苦心竭力、循序渐进"。作为学生的他像骆驼吃草，这草就是老师教给他的和他自己吸收的一切有用的知识，然后将这些知识慢慢进行反刍、消化，努力提高自己的文化、艺术修养。在校期间他的创作卓尔不群，受到老师的赞扬。老师们认为，王宏喜博览群书、勤学苦练，继承优秀传统文化，日后定会青云直上，鼓励他对中国画的不断向前发展做出应有的贡献。

"长成来奏三千牍，桃李春风冠集英"。王宏喜在拓展艺术道路期间还先后有幸得到了著名画家傅抱石、钱松岩、魏紫熙、宋文治等先生的指导、教诲。这些良师经常外出写生、创作，王宏喜则相陪左右，时时提问"章法的稳实和巧变、笔墨

王宏喜探望老师陈大羽

的苍茫和厚朴、诗画的交融和互补",请教"虚实、疏密、轻重、浓淡、大小、长短、横竖"等关系而心领神会。中国画的创新离不开传统的继承,良师的殷殷指点,使王宏喜领悟了传统用笔设色之妙和绵延数千年的东方文化的丰富内涵。

王宏喜既陶醉于师承,又恪守"师其心,不师其迹""外师造化,中得心源"的法则。在其毕业离校后60多年从艺生涯中,他以其孜孜不倦、不断进取的创新精神和风格,不负老师"希望他在中国画的意念、意象、意趣、意境上有自己的丰收喜悦"所望,站在时代的制高点上自觉驾驭艺术规律,创作出一幅又一幅紧贴时代精神、讴歌伟大祖国的日新月异、感受历史人文等具有民族风格、艺术生命力的作品,赢得了许多赞誉和奖项。

王宏喜感恩老师,动情地说:

> 师恩难忘。即便连老师的模样都已模糊,但那些与老师共处的岁月会一直在我的记忆里,永不老去。应该说,这些名满士林的先生们,在传道、授业、解惑的各个层面扮演着各有风采的师长角色,叠印在我岁月的底板上,深刻地

影响了我日后的艺术创作之道。（应该向他们致敬）

我相信：王宏喜笃志好学、日就月将，终成中国人物画大家。他的事例和不凡成就也会和三国的邴原、汉朝的承宫、宋代的杨时一样载入史册，载入中国当代美术史册。

王宏喜作品《满江红词意图》

四

天作之合，并蒂芙蓉

漫漫人生路，谁不需要情感——亲情、友情、爱情，哪一种情不是让我们精神振奋、刻骨铭心？有爱才有一切。

爱情是分享和分担。分享他（她）的快乐，使他（她）更快乐。分担他（她）的忧愁，使他（她）宽心解忧。两个人想一个人，一个人想着两个人。

四、天作之合，并蒂芙蓉 037

弗洛姆在《爱的艺术》一书中说："只有在那种不服务于任何目的的爱中，真正的爱才开始显露。"

南京市属机关招待所里不断人来人往，不论谁家的客人，都会给大家带来乐趣。有一天，忽然有一位女同志拜访王宏喜。她年轻，长发，眉目清秀，身材颀长，亭亭玉立。可以看出，她的光临，给王宏喜带来内心的快乐。她是谁呢？人们都好奇地猜测着。

王宏喜、潘宝珠喜结连理后家中合影

王宏喜、潘宝珠夫妇旅游途中合影

"你的客人是谁?"

"最可爱的人。"王宏喜回答。

幽默,就是风趣巧妙地思考和表述问题。幽默是一种智慧,幽默是一种艺术。

有幽默感的人,善于不失时机地抓住事物有趣的一面,分寸得当地以诙谐的语言和动作,表达出自己的思想和意愿。王宏喜就是这样幽默巧妙地表达出自己的意愿。

他发现,谈论爱情时,我们没说出多少真正切题的东西,但是爱情,才不管你说什么,才不管你怎么说。爱人停不住,游戏继续,"纷纷欲念,泪流满面"。而爱情的秘密,向来不简单,它也包含了人世间诸多秘密。所以,你往下挖,往下挖越深,就越有可能挖到这生命的绝大多数隐秘。

美好是争取来的。

爱美之心人皆有之。

现在,两个搞艺术创作的人,一见倾心。经过一番甜蜜的交往过程,结成并蒂芙蓉,这正应了那个美好的词:天作之合。

美好藏在琐事中。

美好有大美好,也有小美好。大美好很难一下子得到,它是由无数个小美好点点滴滴组成的,这些小美好就藏在每日每时的琐事之中。它们包括感恩、宽容等。

美好要一直争取。

人生每个阶段都要克服困难,争取美好。

潘宝珠说:"真正认识一个人,常常是从名字开始的。当呼唤一个名字的时候,总是联想起与名字密不可分的身影、姿态或声音。"

潘宝珠原是代表上海人民美术出版社到南京向王宏喜组稿，探望王宏喜期间得知他的遭遇与近况。潘宝珠的微笑、鼓励、开导不仅使王宏喜感到亲切有礼，也使他有了战胜挫折的信心……有邂逅，人生才有多重意义。

对于王宏喜而言，爱情，是一种偶然的机缘，它像艺术一样，是本身就存在的；像大自然一样，是无需加以辨别的。

仁爱是感情之源，是感情的纽带，是沟通人与人之间心灵的桥梁。喜悦与人分享，则喜悦倍增；痛苦与人分担，则痛苦减半。有时候，不必更多，不知来自何方的脉脉含情的一瞥，就足以驱散岁月的阴云，重新唤起我们对幸福的信心。

新郎的名字有一个"喜"字，它的含义是：美好、喜欢。新娘的名字中的"宝珠"含义是宝，是宝也是美好。他与她不仅名字美好，人也美好，是名副其实的美好。一个"宏喜"，一个"宝珠"，加到一起，不是两个美好，而是大于两个美好的更多美好。王宏喜、潘宝珠不断拥抱美好，享受美好，实现人生的大美好。

汉字"刻"字有两个含义：一个含义是表明时间，人类祖先记录时间的方法，是用刀在石头或木竹上划上一道道凹痕；另一个含义，应该是用刀划，有时还用刀在石、木上画图。为了刻痕能保持长久，不被磨损，刻痕必须深，所以延伸出"深

王宏喜、潘宝珠夫妇尽情歌唱

王宏喜、潘宝珠夫妇一起绘画

刻"这样的形容词，后来又延伸出"刻骨铭心"形容难以忘怀的情感！这也正是王宏喜、潘宝珠夫妇的感情。

他们两人的心心相印，相伴相扶，在艺术创作领域各自做出了应有的探索，取得了丰硕的成果。

《柏拉图对话集》有一段关于友谊的话，也许能帮助我们理解其中魅力。为什么会有神交？为什么会有人和人之间精神的高度契合？因为共同的追求像绳子一样将他们连结在一起。

爱情是两个相似的天性在无限的感觉中和谐的交融。对王宏喜、潘宝珠伉俪来说，充实的生活就是"飞"得更高、更远的生活，精彩的生命就是独特的生命。俊男靓女姻缘天定。

关于潘宝珠，王宏喜说："在我沉湎于哀痛的时候，是她牵着我的手走出生命的低谷；在那个飘着雨的路口，仍然是她的守候，陪我走过治病期间。"

感情不可能有静止状态，它不是向这个方向发展，就是向那个方向发展。

人的感情是随时间环境的变化而发展的。

爱是相互的，感情也是相互的。

潘宝珠在旁听见王宏喜的话语不由转身走来，微笑着说："是呀！当时就是这样，王宏喜身体极度虚弱，内心深处失去妻子的悲痛一时难以自拔，面容憔悴、眼神迟滞，胡子也没修理，外表看上去和先前见到的判若两人。"看着当时的王宏喜，潘宝珠也不知是什么使内心情感产生变化，想着这么一位有才华的书画家应该有人照顾他，帮助他走出悲伤……于是，潘宝珠不由心生感慨、怜惜，在照顾他期间时常开导他"做一个能够承受不幸的人，这是人生观的重要内容"。在岁月的流转中，人生的一切祸福都是过眼烟云，越是面对大苦难，就越要用大尺度来衡量人生的得失。承受不幸不仅是一种能力，来自坚强的意志，更是一种觉悟，来自做人的尊严、与身外遭遇保持距离的智慧和超越尘世遭遇的信仰。

一句句难忘的鼓励话语,像一束美丽的鲜花,可以装点一个平凡而又不平凡的生命,留给他一辈子的感动和回忆。

乐观是人们精神愉悦的一种心理状态。乐观的情绪,给人以信心与力量,促人成功和幸福,乐观的情绪,对人的生理和心理、精神和行为,都起着良好的作用。可见"笑一笑,十年少;愁一愁,白了头"的民谚是很有道理的。

正如达尔文所说,"乐观是希望的明灯,它指引着你从危险峡谷中步向坦途;使你得到新的生命、新的希望,支持你的理想不致泯灭"。

哲学家周国平先生在《把心安顿好》一书谈到人生的境遇:在你怦然心动的那个瞬间,你感觉到了你和她之间的一种可能性,那肯定不只是肌肤之亲,而是一种完整的生活。茫茫天地间的你和他,是完全可能结成伴侣、组成家庭乃至生儿育女的,而因为她的这一种性格,你就会和她拥有这一种生活了。

在你怦然心动的那个瞬间,你的另一个自我,那个不受你的实际生活束缚的自我,那个哲学的、文学的自我,经历了另一个人生。

遇见你是偶然的,喜欢你是自然的,爱上你是毅然的,伴你一生是必然的。

潘宝珠与笛子演奏家、作曲家陆春龄先生一起吹奏笛子

王宏喜、潘宝珠夫妇俩在连云港欧亚铁路起点线合影

相遇是一种缘。爱情,亲情,友情,人生中最重要的相遇,多么偶然,又多么珍贵。

我想起了刘半农的一首诗,诗中那炽烈的情感表述,似乎是当年王宏喜、潘宝珠这对伉俪双方内心的写照:

月光恋爱着海洋,
海洋恋爱着月光。
啊!
这般蜜也似的银夜,
教我如何不想她?

爱情是有质量之别的,最好的爱情是两个本来就仿佛有亲缘关系的灵魂一朝相遇,彼此认出,从此不再分离。

此言信也!

人们把夫妻之间美好的感情称之为伉俪情亲。

志同道合是伉俪情亲的基础。只有建立在对理想的共同向往、对事业的共同追求的基础上,才能永葆伉俪情亲。莎士比亚说过一句名言:"爱情不是花荫下的甜言,不是桃花源中的蜜语,不是缠绵的眼泪,更不是死硬的强迫,爱情是建立在共同基础上的。"

伉俪情亲之花,需要夫妻共同培育。爱情最本质的特征是互爱。正如苏联诗人伊萨可夫斯基所说:"爱情——这不是一颗心去敲打另一颗心,而是两颗心共同撞击的火花。"

中国古代伉俪情亲的事例也一直作为中国人爱情生活、爱情文化的精神资源而广为流传。

江南大才子赵孟頫,字子昂,号松雪,又号松雪道人,湖州(浙江吴兴)人。系宋太祖赵匡胤十一世孙,八贤王赵德芳之后。博学多才,能诗善文,懂经济,工书法,其画山水、木石、花竹、人马尤精致。擅金石,通律吕,解鉴赏。特别是书法和绘画成就最高,开创元代新画风,被称为"元人冠冕"。其书体世称"赵体",与颜真卿、柳公权、欧阳询并称为"楷书四大家"。官居一品,名满天下,还被忽必烈惊呼为"神仙中人"。

管道昇,字仲姬、瑶姬,江苏青浦(今属上海青浦)人。自幼聪慧,元代著名的女性书法家、画家、诗词创作家。书法被称为卫夫人后第一人,亦被史家称道为才女。所书《璇玑图诗》笔法工绝。精于书画,尤擅墨竹梅兰。存世的有《水竹图》等卷,现藏北京故宫博物院;《竹石图》藏中国台北故宫博物院。才华出众的管道昇相夫教子,传承书香画艺,栽培子孙后代,"赵氏一门"千古美谈,三代人出了多名大画家,赵雍、赵麟、赵彦正名冠一时。元仁宗曾将赵孟𫖯、管道昇及赵雍书法合装一卷轴,藏之秘书监,曰:"使后世知我朝有一家夫妇父子皆善书,亦奇事也。"

王宏喜、潘宝珠夫妇在书房画室里共同创作

潘宝珠作品《敦煌菩萨》（扇面）

管道昇写了一篇广为传诵的《我侬词》：

尔侬我侬，忒煞情多，情多处，热似火。把一块泥，捻一个尔，塑一个我。将咱两个，一齐打破，用水调和，再捻一个尔，再塑一个我。我泥中有尔，尔泥中有我。我与尔生同一个衾，死同一个椁。

《我侬词》用喻新警，把夫妻关系比喻作泥，让人拍案惊奇。从两个人复杂的制作过程（捏塑、打破、调和、再塑），我们可以想象夫妇两个经历的不平凡，已经到了我中有你、你中有我、难分彼此、无法离弃的地步。这首《我侬词》，感情炽烈，视角别致，在中国情爱史上留下了惊艳之笔。而这一桩文坛趣话，此后遂被人们传为一段夫妻情爱佳话。像电视剧《情深深雨濛濛》歌中就是："记得当初你侬我侬，车如流水马如龙……"中国古代女性出现在历史中的面目多是模糊的，她们大都是影影绰绰的无脸群像。管道昇恰似一束亮光，透过历史的尘埃让我们看到了女子鲜活的色彩。

赵孟頫和管道昇的爱情生活，情深意长，诗画唱和，高山流水，是中国人情爱生活的经典篇章，更是中国情爱文化的精神资源。同他们一样，王宏喜与潘宝珠也相敬如宾，其温如玉，体现了中国爱情的独特审美格调。

相爱的人，彼此心里都应该藏着对方的"另一双耳朵"，适时地感受一下自己对对方的意义。爱一个人的最好的方式是：把他（她）当作独立的个人，尊重他（她）；把他（她）当作最亲的亲人，心疼他（她）。

夫妻间互相勉励也是极为重要的。它可以激发夫妇双方对生活的热爱、对事业的攀登和对未来美好前景的追求。阮籍的《咏怀》诗，可谓是一首夫妻互勉之歌："愿为双飞鸟，比翼共翱翔。丹青著明誓，永世不相忘。"

王宏喜、潘宝珠夫妇，两个人像一个人，一个人想着两个人。几十年的共同生活，一直有着深层次的精神交流，两人早已从普通的夫妻升华为神契心通的挚友，被称颂为伉俪情亲的生活范式。

成熟的爱情是更有价值的，因为它是全部人生经历发出的呼唤。

母爱的天然倾向，就是用包容和呵护的态度对待生命。这种爱是点点滴滴渗透到细节中的爱，倾向于从生活中最细小的方面来体贴和关心人。

潘宝珠作品《观音像》

潘宝珠与《红楼梦》第五十二回写夜间抱病给宝玉补"雀金裘"的晴雯何其相似！在《红楼梦》里，曹雪芹正是通过这个令人感动和难忘的细节，展示了"风流灵巧"的晴雯，除了孤傲甚至过于尖刻的"女儿性"之外，还有另外一面，那就是坚韧耐劳、牺牲自我的"母性之爱"。

有一次，王宏喜为上海辞书出版社出版的《孙子兵法》凝神构思创作插图（36幅），几周来，积劳成疾，以至于在某天睡眠中说梦语，精神恍惚，虚汗直冒，下床不小心跌倒在地。响声中惊醒的潘宝珠一看，焦急万分，拼力拉起王宏喜回到床边，忙前忙后，又是取药，又是擦身去汗、按摩活动经络，直至王宏喜稍加好转无大碍才放下心来。

潘宝珠说："中医按摩是老祖宗传下来的智慧，是中华民族的一朵奇葩，能防病治病，有益于身体健康。我试下来效果很好。"潘宝珠在生活中的体贴和关心，

潘宝珠近照

令王宏喜十分感动，他经常在友人间夸耀。

潘宝珠有着内贤外助、聪颖明慧的智者女性风范。成功男人的背后，大多站着一个默默支持他的女人。潘宝珠出身书香门第，贵为"千金小姐"却通识"百工"，总是事无巨细地照料着王宏喜的日常起居，全职保姆、厨子、医生和外交官等种种角色她都一肩挑起。天冷时会给王宏喜披上一件外套，或给他端来一碗参汤……

世上的事多为平凡小事，并不轰轰烈烈。但是平凡见精神、显风貌，滴水中可以见大海。

她凡事亲力亲为，因此也付出了艰辛的代价，想多画些画"却成为她最奢望的事"。孔子曰："古之为政，爱人为大。"潘宝珠将"仁者爱人"这一儒家的核心思想身体力行。她靠的是人与人之间最简单朴素的将心比心、以心换心，而这种简单到极致的质朴，恰恰是如今最难能可贵的品质。

潘宝珠用母爱的精神把王宏喜当作最亲的亲人体贴、心疼。两人的相爱相依叙述了一段现代同甘共苦、相濡以沫的关系和一个融洽、亲密的感情故事，用现代的故事确证了爱的永恒的精义。

潘宝珠与王宏喜共同在艺术的海洋里遨游，创作出一幅幅唐诗宋词意象图，围绕李清照、林黛玉等人物形象，特别令人印象深刻的还有观音像、佛像等。据佛经《妙法莲华经观世音菩萨普门品》载，在一次佛法会上，无尽意菩萨问释迦牟尼："观世音菩萨，何以名观世音菩萨？"观世音菩萨乃代解答："我（观世音菩萨）在无限亿劫年中，即已成佛，名定光佛，因悯世人于此现世界中，受诸般苦，特转生为观世音菩萨，凡世间众生，遭受苦难时，若呼叫菩萨名号，菩萨即行知觉，立刻为众生解脱痛苦——观其音声,皆得解脱,因此名为观世音菩萨。"

在唐朝,因避唐太宗李世民名讳,将观世音菩萨之世字免去,改称"观音菩萨",今多仍之。元代以前,由印度等地传入的观世音菩萨像皆为男性,至元代画家赵孟頫夫人管道昇始以水墨写观音像为女性,以其慈悲若女子,并撰《观音成道记》。潘宝珠和管道昇一样,也善于画圣观音像。在参加"95世界华人书画大展"征稿时,她和王宏喜苦思冥想,作品构思别具匠心,以荷花为背景,托起观音像,意味着赐予和平、幸福和吉祥。他俩精心绘出一幅八尺整张的《天佑中华》,观音像庄重、肃穆、神态真切而虔诚,一轮光环之下,圣观音一手合十,一手宝瓶在握。"天佑中华"四个大字,表达出对伟大祖国的衷心祝愿,更画出了中华儿女的共同心愿,该作品荣获文化部颁发的"95世界华人书画大展"金奖。

舒婷的《致橡树》用来形容潘宝珠的爱恋再合适不过:"我必须是你近旁的一株木棉,作为树的形象和你站在一起。根,紧握在树下;叶,相融在云里。"潘宝珠秀外慧中的风范,"贤内助"的角色及其与丈夫肝胆相照、心心相印的情感在海派艺术界被传为美谈。

在王宏喜、潘宝珠夫妇家中有一个充满家庭气息的文艺沙龙,书画界友人及新闻界的知友一起畅谈创作构思。王宏喜笑谈古今,不时说出幽默而又引人深思的话语,常将话题引向艺术创作深度……最使友人难忘的是王宏喜和潘宝珠当场作画,两人配合默契,得心应手,一幅《李清照词意图》便展现在众人面前,使大家惊喜不已。

王宏喜作品饱含阳刚之气,作为妻子,潘宝珠的作品则有阴柔之美。

潘宝珠,号宝子。1943年生于上海。自幼喜绘画,秀外慧中。1965年进入上海人民美术出版社任美术编

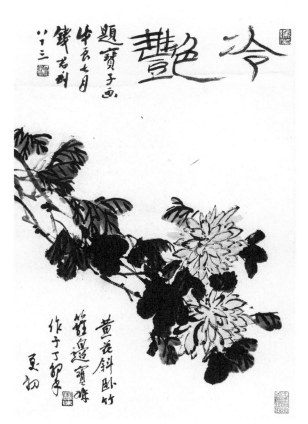

潘宝珠作品《冷艳》

辑，从事连环画创作及美术编辑工作数十年，师承钱君匋、颜梅华等先生，先后出版多部世界文学名著连环画，如《天方夜谭》《绿野仙踪》《三姐妹》等。近30年来，她专攻水墨人物画，是一位风格细腻的知名人物画家。她的作品题材宽泛，善于抒情造境，虚实结合，藏神蓄意。她笔底下的女性不仅表现出丰富的外在美，而且强调书卷气，力避病态美，着重气质刻画，付诸女性仁慈、宽容、自尊、自信，静而致远，美而升华的形象。她创作的《李清照词意系列》和《红楼梦人物系列》能体现古装淑女之神韵，形成和畅柔美的画风。她画的花卉、墨竹等，功底深厚，气韵生动。

潘宝珠作品有《听琴图》《唐人诗意图》《李清照词意》组画、《红楼梦人物》系列及佛教题材《敦煌菩萨》《观音造像》《天上谣诗意图》系列和反映新时代的女性形象系列等。其为中国连环画研究会会员、君匋艺术院艺术顾问、上海交通大学思源书画研究所高级画师、上海海上书画研究所研究员、美国休士顿中国美术协会永久会员，作品多次应邀参加海内外展览。

潘宝珠教育儿子，画画就要耐得住寂寞，青灯佛影，她自己就是怀着理想，边照顾好王宏喜的生活起居，边执着于中国人物画的创作。

2018年夏天，潘宝珠由于多年积劳，察觉身体不适去医院检查，在医院医生的反复劝说下住院几天。王宏喜心急如焚、关爱有加，他动情地说："我摸不清去爱的理由，只知道，你一天不回家，一天看不到你脸上美妙的微笑，我就会在茫茫

潘宝珠作品《红楼梦人物史湘云》

的黑暗里独坐一夜,让寂寞一口一口吞噬了我的生命。"

相思不只是苦,苦中也有甜。心里惦记着一个人,并且知道那个人心里也惦记着自己,岂不比无人可惦记好得多?人是应该有所牵挂的,情感的牵挂使我们与人生有了紧密的联系。

真心流露的情谊,总是令人感动的;一颗懂得感恩的心,温软细腻,让人不由自主地想要靠近。

爱一个人就是在寒冷的夜里不断在他(她)杯子里斟上刚沸的热水。

爱一个人就是喜欢和他(她)拥有现在,却又追忆着和他(她)在一起的过去;喜欢听他(她)说,那一年他(她)怎样偷偷喜欢你,远远地凝望着你。

潘宝珠出版的连环画作品

潘宝珠与老师颜梅华先生及师弟颜志贤合影

潘宝珠在画室作画

爱一个人就不免希望自己更美好,希望自己被记得,希望自己的容颜体态在极盛时于对方如霞光过目,永不相忘,即使在繁花谢树的残冬,也有一个人可以见证你的华采。

爱情是分享和分担。分享他(她)的快乐,使他(她)更快乐;分担他(她)的忧愁,使他(她)宽心解忧。

王宏喜说,天下最快乐的事情,一是和自己喜欢的人在一起,享受爱情、亲情和友情,二是做自己喜欢做的事,对于他便是读书和艺术创作。能够获得这两种快乐,乃是人生的两大幸运。

王宏喜在创作作品时,面前的潘宝珠已不仅是他的妻子,而是一个品画论诗的挚友。并且,他们不是一般的挚友,"若霜无偏"的题记与"知否?知否?应是绿肥红瘦"的诗句,写出了他们超凡脱俗的境界。

作画品题,是审美交流的方式;诗词酬唱,更是他们日常的生活雅兴。两人共同的文化审美趣味,超越了庸常生活的烦琐和乏味,共同谱写了中国格调的诗意人生与审美生活的爱情佳话。联系他们的不仅仅是夫妻人伦,更在于精神交汇、灵犀相通。

两人的另一个共同的兴趣便是旅行。人生的乐趣就在于能够享受到大自然赋予的美景以及与自然融为一体的人文景观。黄河上下、大江南北;长城内外、塞外边陲;佛寺名殿、暮鼓晨钟;在天地间行走,徜徉于名山大川,穿行于森林草原,仰观宇宙,俯察涓流。一个热爱祖国山水的人,必然会为生长在如此美好的江山

四、天作之合，并蒂芙蓉　　051

潘宝珠作品《李清照词意图》

之中而自豪、快乐。

史学大师蔡尚思先生寿至104岁，他的长寿经中就有一条"喜欢爬山玩水"。他写的《忘年人》诗中，就有"不避高山，不避冷泉"。体坛宗师马约翰也说："运动是健康的源泉，也是长寿的秘诀。"

岁月的光影可以覆盖年轻矫健的身躯，但无法碾没内心的渴望和灵性。旅行是积极的休息，是一种放松身心的娱乐活动，又游又览，俗称"游山玩水"，是一种令人愉快的休闲。

旅行是最好的活动。"活动"两字，看似平常，其实含有深刻的内涵。活，就是动；动，才能活，不动则衰。活与动，两者血肉相连，密不可分。

王宏喜和潘宝珠喜欢手拉着手，互相帮扶，趁春色含娇，趁夏荷正茂，趁秋果丰硕，趁冬雪妖娆，都抽出时间外出旅行。他们追寻古人的足迹，品味诗风词韵，总能在不经意的时候相遇一份期待已久的感动。

国内多处自然景象、人文历史胜地都留下了他俩的足迹。从杜牧"一骑红尘妃子笑"的西安到李商隐"何当共剪西窗烛"的重庆，从

好友黄恒美在潘宝珠儿子婚礼上祝福

王宏喜、潘宝珠夫妇旅游留影

杜甫"造化钟神秀"的泰山到苏轼"淡妆浓抹总相宜"的杭州西湖;从王维"西出阳关无故人"的敦煌到刘禹锡"湖光秋月两相和"的湖南洞庭湖;从袁枚"青山簇簇水中生"的漓江到李白"胡窥青海湾"的蔚蓝浩瀚青海湖;从陈子昂"前不见古人,后不见来者"的北京到李白"君不见黄河之水天上来"的壶口瀑布;从白居易"早潮才落晚潮来"的钱塘江到崔颢"天外三峰削不成"的华山,从孟郊"月明直见嵩山雪"的嵩山到李白"我宿黄山碧溪月"的黄山。

唐风宋雅点缀着文人墨客的梦想之地,或大漠孤烟、长河落日,或烟柳画桥、亭台水榭,美景与诗词相伴。

他俩在德国、法国、美国、意大利、西班牙等国也一一留下足迹。去英国游览流光溢彩、气象万千的国际大都市,参观英国国立维多利亚与艾伯特博物院,欣赏意大利文艺复兴时期以及印度的雕塑;参观威斯敏斯特教堂,致敬大名鼎鼎的托马斯·哈代、查尔斯·狄更斯、吉卜林等诗人和小说家,致敬他们对人类文明、进步所做贡献;参观美术馆,领略1510年以前的传世作品,包括意大利画派、佛拉芒画派和德国画派的珍品,比如达·芬奇、丢勒、米开朗基罗、伦勃朗、哈尔斯以及柯罗、塞尚、高更等人的作品;参观大英博物馆,领略改建后焕发出18世纪光彩的新展厅,虔诚汲取人文历史的创作养料。

除旅行之外,王宏喜还许多次受邀去国外讲学,进行书画艺术交流。2002年6—7月,应日中文化友协邀请,其与夫人潘宝珠参加上海文化代表团赴日本广岛、长野、东京等地进行文化交流,于东京女子美术大学、东洋美术学校、东山魁夷纪念馆、信浓美术馆等地与画家东山魁夷的夫人、作家水上勉、油画家绢谷幸二等进行艺术交流。王宏喜和潘宝珠还在中国香港特区、中国台湾地区等地举办画展,促进中华优秀传统文化的交流,扩大中国书画艺术的影响力。

旅行途中,站在悬崖绝壁上,面对青山绿水,引吭长啸几声,听空谷回音,让山水传情,此时可谓物我一体,心旷神怡了。

王宏喜和潘宝珠将旅行途中看到的自然河山美景、街头人群形象有趣一幕、历史胜地、人文景象都画在了写生本上带回,为日后创作新时代、新面貌、新人物作品积累资料。

王宏喜、潘宝珠夫妇在中国台湾地区开画展

王宏喜、潘宝珠夫妇在日本开画展期间留影

年已高龄他们，想来也不太可能无病无痛，但他们面对现实的勇气、热情和活力，令同行师生、友人们赞赏不已。

一个人是诗，两个人是画，岁月无恙，你我无惧，便是流年里最美的风景。

五

感念，情深意长

仁爱凝聚人间情。

人的一生要懂得爱，懂得情。一个对祖国、对家人、对人民、对事业充满感情的人，必定是一个道德高尚的人。

故乡情是一种奇妙的情结。我常想：人为什么忘不了家乡？为什么对故乡会有割舍不断的情感？为什么会有"露从今夜白，月是故乡明"的情怀？那是因为，人最初睁眼看到这个世界的时候，是故乡给了滋养、快乐、希望和信念，也是故乡开启了人生的起点，确立了生命价值的航线。

外面的世界虽精彩，但生命之根永远在故园。

王宏喜说，难忘故乡，那里，有亲戚、朋友，还有同学。那里，存储了他天真烂漫的童年，以及懵懵懂懂的青春。那里的一山一水，一星一月，一草一木，一时一俗，那里的一望无垠、水天一色、气象万千的景象，曾经给了他无尽的遐想。每当夜静人深，思索岁月如流时，他就会想起"久别"的家乡，四季绵延不尽的海边浪声，无边的港口，上下起伏装卸的升降机，勤劳的人们在这块欣欣向荣的土地上播撒着希望的种子……

作家贾平凹曾说："家乡对我们的影响就像乌鸡的乌，那是乌到了骨头里面的。"

王宏喜说："故乡是我根，是曾经养育我，让我成长。故乡有我的亲人，有熟悉的面庞，有熟悉的大海、大山、河流、土地，有亲切的乡音，有我美好

1995年，王宏喜在家乡设立"王宏喜教育基金会"，受到家乡人民群众的热烈欢迎

王宏喜在故乡连云港采风

的童年,承载着美好的回忆,岂能轻易忘记?"

"难忘故乡,也是因为自己学画迈出的步履最初就是从那里开始的。"

大海边的渔民热爱大海。渔民出海打鱼时期盼着丰收的眼神,朴实、坚毅的形象,在王宏喜脑海中留下了深刻的印象。

"小时候跨出家门走走,经常能看到码头上工人作业时艰辛、劳累的情景,船舶的鸣笛声隔了几条马路都能听到,薄薄的云雾渐渐散去……

"记忆中的海水大多是黄色的……渔民满手是泥,指甲缝里都是,不小心一抹,脸上也有了;满身是海水的腥味,连头发上都有,呼出的气里也有。"王宏喜如是说。

从 20 世纪 90 年代初开始,王宏喜每年都要去故乡探望、写生,构思作品。清晨的连云港,宁静祥和。丝丝阳光下,浪恬波静,粼粼泛光,大海边,凉秋八月,天气分外清爽。他有时爱坐在海边礁石上,望着潮涨潮落,云卷云舒。月圆的时候,大海上,波涛滚滚,一浪高似一浪,撞到礁石上,唰地卷起几丈高的雪浪花,猛力冲击着海边的礁石。

现在,年已高龄的王宏喜仍不改初心,艺术创作再忙,也要抽出时间去家乡看看大海。他动情地说道:"随心逛逛,不需要海角天涯,不在乎名山大川,亦如陶渊明的东篱南山,一颗心在,那里便是天堂,以至我今天扑向

王宏喜在连云港码头边

王宏喜回家乡与彭云等文化艺术界的同事、朋友一起欢叙

它时,竟忘了自己已是八十有余的老人了!"

他伴着夕阳踏上回家的路,回望着海水渐渐退去,期待着再次与大海拥吻。

哀思

我们民族文化具有重人伦的特征,而伦理文化的核心之一是"家庭孝敬",尤其是对父母的孝敬。自孔子始,孝德便被当作"仁之本","百义孝为先"成了千百年来人们所奉行的一条道德原则。

凡是读过《诗经》的人,都不会忘记在《小雅》中的这首《蓼莪》诗,全诗的主题就是提倡孝敬父母。诗中唱道:

> 蓼蓼者莪?匪莪伊蒿。哀哀父母,生我劬劳。
> 蓼蓼者莪?匪莪伊蔚。哀哀父母,生我劳瘁。

这首诗之所以成为数千年来传诵不衰的名篇,主要在于它写出了子女对父母的深厚感情。人之初,皆为人子,无不受父母的养育之恩,子女对父母的爱是一种以

王宏喜、潘宝珠夫妇与中国台湾地区老乡辛子方合影

身心感受为基础的感情。

中国人追求的理想人格，是忠孝两全的人格。人生在世，既应忠于国家和人民，又应孝敬父母。孝是一个人最基本的品德，如果没有这个品德，很难生出其他的品德。

"慈母手中线，游子身上衣。临行密密缝，意恐迟迟归。谁言寸草心，报得三春晖？"唐朝诗人孟郊写的这首《游子吟》，千百年来，不知掀动过多少人对父母的敬爱、依恋之情。诗中用春天的阳光比喻母爱，用小草比喻儿女，说明做儿女的无论怎样孝敬父母，都难以报答父母深厚的恩情。

临近垂暮之年，人们每当追忆起绚丽缤纷的青春年华，时常浮想联翩，情不能已。虽然那个年代已渐行渐远，但回忆的画面里依旧透出一股浓烈的荷尔蒙气息，它萦绕在人们左右，搅动着尘封多时的记忆，不经意间诱使人们沉入对往事的深情缅怀之中。

王宏喜回忆父亲，含悲饮泣地说："父亲永远不与儿子亲热了。"

"父亲爱国家、爱家乡，一生勤勤俭俭，为全家劳累了一辈子，在家境贫困、医疗技术不发达的年代里离开了我们。他把体弱的母亲留给我们，他把家庭的重担留给了从未担过重任的我（长子）。"

王宏喜怀念母亲之爱，动情地说：

"把一个人抱在怀里是因为心中有爱，那是一种深沉的爱，一种无法描述的爱，一种比所有语言的表述都要博大凝重的爱。小时候母亲经常抱我，托着我下地，抱着我拾柴、做饭……我要是乖巧，母亲还会亲我的脸蛋儿，我这时就会搂住母亲的脖子，那是一种渴望，一种依赖，一种让我终生难忘的幸福。"

王宏喜垂涕抹泪，感今怀昔，接着说道：

"我59岁时，母亲逝世。我清楚地记得，两滴辞世清泪从母亲眼角潸然而落。我攥住母亲渐渐冷却的手，肝肠寸断。这手，再也不能为儿女缝单絮棉，涤垢濯尘，煮饭炊饼，烧菜做羹了。我抚着母亲体温尽失而依然柔软的手。

王宏喜夫妇与知友林德辉夫妇在旅游途中合影留念

"我家老屋楼下的母亲房里，从此不再有我母亲坐在床前给我缝补衣服了。然而每逢走过底楼，脑际一定浮出母亲的坐像……眼睛全神贯注，口角上露出慈爱的笑容。

"只有年迈的、不能自理的母亲才是最需要我的，需要我为之劳累、为之争气、与之陪伴……如今这个最需要我的人已经远去。

"我常常真切地感到，她就在我身边走来走去，我一回头，好像就能看见她趴在我画桌旁的窗口上，对着前面的铁轨上开过的火车说道：'火车很长啊！开得很快，真好看。'可我一伸出手去，却触摸不到一个实在的她！

"我开始上学的年龄，一般父母都本应开始养老，可我的父母却要在50多岁时起，开始供养一个孩子漫长的读书生涯。年迈的父母，以他们老弱的身体为代价，供养我读完小学、初中、高中和大学。可是，在我工作、事业发展有些成就的时候，父母亲积劳成疾，先后离我而去。"

王宏喜潸然泪下地又说道："我只有不懈地努力工作和奋斗，才得以告慰父母在天之灵。"

春雨纷纷的清明，是思念的时节，慎终追远，知死乐生。王宏喜长跪在父母坟墓前，余光中那首著名的《乡愁》名句再次浮现在脑海：

后来啊

乡愁是一方矮矮的坟墓

我在外头

母亲在里头

有人说：人的一生其实是不断地失去其所爱的人的过程，而且是永远的失去。这是每个人必经的最大伤痛。其实，人们在追忆、缅怀逝去的至亲时椎心泣血，这又何尝不是在重新打量爱与生命？

电影明星亨利·方达在自传中重温了童年的记忆：

"5 岁那年，妈妈把我弄醒，抱到窗前，让我看哈雷彗星飞过天空。她告诉我，要永远记住它。因为，它每 76 年才能出现一次，而 76 年可是一段漫长的岁月啊！

哎！这就是我现在的年龄啊……76 岁。时光像哈雷彗星那样快地逝去了，可我并不认为我有这么老了。我仍觉得自己像个孩子，站在楼梯的平台上，眺望着窗外。"

母爱，是人类古老而又永恒的主题；母爱，是世间圣洁而又感人的旋律。试想，一个人如果不孝敬父母，能敬爱别人吗？只有孝敬父母的人，才能够把敬和爱的精神，推广到别人身上。王宏喜并没有用太多华丽的语言来赞美母爱的伟大，而是通过回忆母亲在日常生活中对子女的照顾、期望，表达了慈母之爱的珍贵。

回忆

也许时间可以改变许多东西，但那些纵然久远亦不会淡忘的往事会在心中慢慢堆织、慢慢沉淀成一份最美丽的温馨，一份最凝重的牵挂，一份最宝贵的珍藏，任岁月侵蚀，心境变迁，反而愈加清晰。

往事是一帧用岁月底片洗出的黑白相片，有着只能意会的内涵；是心香一瓣，散发着淡淡持久的幽香。往事，让我们永远心系，永远梦萦，永远珍爱。

人类社会是一代一代延续相传下来的。每一代人的活动，都与前一代人相承相关。没有上一代对下一代的抚养教育，人类社会的延续就会中断；没有前一代人的努力奋斗，就没有后一代人的幸福。因此，我们"养亲必敬"，不仅是对父母养育之恩的报偿，也是对人类历史的尊重，对前人辛勤养育、泽深恩重付出的尊重。

"十年生死两茫茫，不思量，自难忘。"苏轼的《江城子》是一首传诵千古的悼亡词，悼念的是去世十年的爱妻，却准确地写出了每一个曾经痛失爱侣、亲人、挚友的人的共同心境。

离别的苦，包含着人生聚散不定、命运莫测，如同一面镜子，瞬间照出岁月的无情。总之，人生之所以最苦别离，正因为离别最使人感受到了人生无常。

王宏喜的前妻，这位出身贫苦的渔民家的女儿，和王宏喜一样，是由父母商定完婚的。婚后勤俭多劳，她为维持家计，做瓦匠小工、抬石头、打麻绳、拉平板车，重活脏活都干过。她在家养育子女，默默地支持着丈夫喜爱的职业。王宏喜因创作有时出远门数月，都是妻子悉心照顾老母，培育子女成长，多年来心力交瘁，疾病缠身，王宏喜心急如焚借债、联系陪同她到上海中山医院治病，但她因关节炎症渗透到心脏，扛不住疾病的折磨，1990年6月6日终因医治无效而病逝。王宏喜事后感到很悲伤，想到爱情虽不圆满，夫妻两人性格、文化差异甚大，但这实属是成婚那个时代造成的悲哀，又想到她这么多年的辛勤付出和贡献，而自己的沟通、关心却不够，很内疚。王宏喜被尘世之苦、思妻之情折磨着，精神恍惚、苦不可言，感受到了人生无常，再也无心无力作画。苏轼《江城子》词句"料得年年肠断处，明月夜，短松冈"，意谓对亡妻的追思会年复一年地持续下去，这也正是王宏喜此时的心境。

王宏喜有一方自刻的常用印章"九零六六后书画"，以此抒发自己的殊深轸念与追思。

人到一定年龄，有了一定的阅历，常会追忆逝水流年，感悟人生滋味：或酸甜苦辣，或冷暖阴晴，或风风雨雨，或坎坎坷坷……无论从哪个角度看，这时都该是人生过程中灿烂的一页。因为花枝成熟时最美丽，大海咆哮后最平静，阳光在正午最为辉煌。

王宏喜是一位心里揣着大爱的有情有义的艺术家。

在1979年起任江苏省科普美术创作者协会副理事长、连云港美术家协会主席以来，王宏喜先后为科技出版社出版的《海港游》《田园春秋》《中药疗效谈》等书创作插图100余幅，为省级以上的科技报刊、杂志画封面、插图200余幅。组画《海盐的由来》把海盐产生的来龙去脉，用国画笔墨形象表现出来，参加全国展览，得到科学家和人民的认可。《科普画刊》创刊号发表了这组图，受到好评，也得到了嘉奖。

王宏喜科普插图作品

连云港市市报上开辟的《科学副刊》《科技画廊》《爱国卫生画廊》《计划生育画廊》《工人画廊》等经常约其画画。王宏喜在1983年元旦召开的江苏省农村科普工作积极分子（先进集体）代表会议发言中说："作为一个党的美术工作者，党对我们知识分子这么关怀，人民对我们这么信任，我们应该尽到自己的责任。特别是科普美术创作是一个新的课题，它既能普及科学知识、创造社会财富；又能使人民赏心悦目，提高审美能力，美术工作者应当义不容辞付出更多的劳动。"他还说："人民不仅需要科学，也需要艺术，更需要科学与艺术有机结合的科普美术作品。"从那以后，王宏喜把科普美术创作也列入其创作的一部分。

连云港市是江苏的唯一海港，有江苏最高的云台山，还有最大的淮北盐场，渔岛、山村、林业等这些都是连云港的特点。王宏喜向有关专家学者学习，抓住这些特点，画出了连云港市海的咸味、山的香味、鱼的鲜味，让农民在美的享受中学到科技知识。作品《松针粉》在"全国农村科技致富科普美术展览"展出，荣获一等奖。1979年，王宏喜出席江苏省劳模表彰大会，获江苏省政府嘉奖令。

亲情、乡情、师情、人情，王宏喜不仅对自

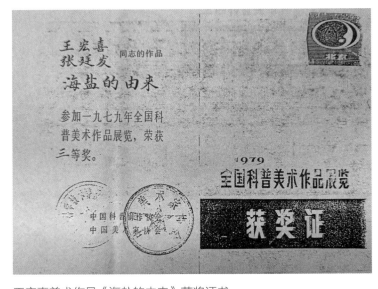

王宏喜美术作品《海盐的由来》获奖证书

五、感念，情深意长

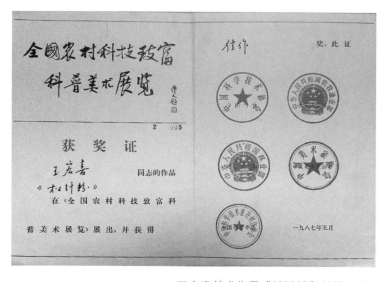

王宏喜美术作品《松针粉》获奖证书

己的家人、对师长、对故乡的乡邻、对同道的好友有着感人的真情，即使对于还不熟悉了解的求教艺术创作的朋友、学生，也寄托着自己的一片诚挚的心意。学生何贵生在2012年6月刊登文章《心声——我的老师王宏喜》回忆起在1974年经远房亲戚王家右（曾和王宏喜是中学同学、同桌好友）介绍拜王宏喜为师，学习绘画。他在文章中写道："在学习的过程中，王老师特别强调要多临摹，加强线条练习。临摹是中国画自古以来学习前人绘画的根本，也是学会画画的具体方法，从单纯的临摹到意临、背临，也是以后写生乃至创作的必经之路，掌握临范本的技法为画画打下基础。"

他又接着讲道："蔡元培先生说过，好的老师是先教学生做人，而后习艺。的确，王老师身教言传常说：'人的修养是艺术提高的根本。'他对学生平等友好，真诚善意，严格要求又宽容理解。不论在什么样的环境中作画，他都带我们亲临现场，讲解作画基本要领、章法、用笔用墨，知黑守白。"30多年过去了，何贵生想起跟着王老师到小金湾山里去写生，王老师边写生边讲解：怎么选景，从哪下手，经营位置，树木结构规律，山有山法、树有树法等等。

潘宝珠与好友吴建国等友人一起欢聚

上海人民美术出版社三姐妹欢聚时合影留念，左起：潘宝珠、张纫慈、汪文娟

王宏喜在中国台湾地区文化交流时与画家刘国松交谈

王宏喜在日本与超善寺住持梶原重道一起切磋画艺

中午一起啃着干饼咬着蒜头，喝点泉水权当午饭。何贵生和其他学生一样，见到王老师都会有如沐春风的惬意，都会被他一身正气所渲染，都会感觉浑身是力量，更会感觉生活很美好。

学生潘强（连云港市师专美术系教授）2011年在《忆跟王宏喜老师学画》文章中回忆道："从1972年底开始跟着王老师学画，当时拿笔画线，手抖得厉害，再加上天气寒冷冻得红红的，就问如何克服困难将线画好。王老师说：'天天练，坚持几个月，多练手就不抖了。'接着又说：'画线条要屏住呼吸，憋住气，能练得头上冒汗。'当时心想老师说得真够夸张的，我只好如法炮制，憋住气练线条。虽说头上没冒汗，但被一口气憋得倒确实不觉得天气寒冷了。那个印象至今历历在目，它让我体悟到：当一个人能入境，专注做一件事时，处在不利的因素会被个人的意志所淡化。""现在我也当老师了，有时我也将这个事例讲给现在的学生听。"潘强接着写道："往事如烟，转眼几十年过去了。王宏喜老师的学生，在连云港这块新兴的土地上都成了美术界的领军人物，有的担任美协主席、美术馆馆长，有的在高校从事着美育工作……做出了不凡的业绩。"王宏喜且爱丹青添新人，几十年

王宏喜、潘宝珠夫妇与上海人民美术出版社画家汪观清（左一）、贺友直（中）、张纫慈（左二）合影

王宏喜、潘宝珠夫妇与好友书法家高式熊、记者张立行合影

来经他培养的青年中,有二十多名先后考入高等艺术院校深造。

友谊是人生旅途中激人奋进的伴侣,是人类最美好的感情之一。友谊是高尚人格的体现。真正的友谊是人与人之间心灵相通亲密往来的友善。这种友谊的特征是:在思想上互相帮助,在品行上互相砥砺,在学问上互相切磋,在事业上互相支持,在生活上互相关心。它最鄙视的是把人的尊严变成交换价值,要"结有德之朋,绝无义之友"。

心灵相通是友谊的桥梁。只有心灵相通,才能成为知音,使友谊达到完善的程度。中国的交友之道源远流长,从古至今,传颂着多少朋友情谊的佳话:俞伯牙与钟子期、管仲与鲍叔牙、林冲和鲁智深、鲁迅与瞿秋白……珍惜朋友的人,其人生就多一份快乐,多一份充实。

王宏喜珍重友谊,怀着爱心而播种,怀着感情而耕耘,怀着喜悦去收获。

人需要交往,只有通过相互交往和社交活动,人们才会产生良好的人际关系,才能彼此通力合作,才能使我们生活在一个和谐、友好的大家庭之中。孔子说"上交不谄,下交不渎",意谓人们在交往中既不低声下气,又不高傲怠慢。

五、感念，情深意长　　069

傅明伟陪同山东正觉寺方丈、佛学家释仁炟前往上海玉佛禅寺和王宏喜、觉醒大和尚一起交谈

王宏喜、潘宝珠夫妇与著名画家崔君沛夫妇共叙艺事

王宏喜、潘宝珠夫妇与画家吴建平夫妇一起欢聚

王宏喜故旧不弃、患难相扶、道义之交、清风高谊的交友之道，传续着友谊之情。随着王宏喜在艺术创作中的出色成就，交往的友人日渐增多，有日本、美国、新加坡、马来西亚、加拿大、德国、韩国、澳大利亚等国的企业家、大学教授及书画界同行朋友，也有我国香港特区和台湾地区的书画爱好者。

20世纪80年代中后期，王宏喜应日本大阪堺市市长田中和夫的邀请，以首批中日文化交流使者身份东渡扶桑，同时，他也带去了精心创作的巨幅《三国圣贤图》给其在日本的友人超善禅寺住持梶原重道，圆满地实现三年前梶原重道住持随日本堺市友好代表团访问连云港时向王宏喜吐露的心中夙愿，令梶原重道住持非常激动，留下了中日两国人民友谊的佳话。此后，日本大阪堺市友好人士松村寿先生等人自愿捐款拟在连云港市为王宏喜建造专用画室，至今在中日两国人民之间仍传为美谈。

王宏喜国内的友人更是遍布各行各业，人数众多。王宏喜礼貌待人，与人交往中待人诚恳和气、谈吐文明、举止谦恭，对来访的友人无一不是"诚于中而形于外"。他经常挂在嘴边的一句话是荀子的"人无礼则无生，事无礼则不成"，真像唐代王勃在《腾王阁序》中所讲的那样："胜友如云""高朋满座"。人与人之间相互尊重，在交往中创造出一种文明、和谐的气氛，这样的交往不仅带来心情愉悦、事业收获，也留下了不少趣闻佳话成为业内美谈。

王宏喜重祖国情、师长情、朋友情、亲情、爱情，对世界充满爱，对人生充满情。

王宏喜作品《八仙醉酒图》

六

传承·创新

著名文史学家苏渊雷说:"文化有三性:一是继承性;二是吸收性;三是创造性。继承是历史的传统,吸收是时代的潮流,创造是民族的形式。三者缺一不可。"

知古不知今,谓之落沉,知今不知古,谓之盲瞽。

——汉朝哲学家王充

《随园诗话》中说:"蚕食桑而所吐者丝也,非桑也;蜂采花,而所酿者蜜也,非花也。"

意思是春蚕吃了桑叶,所吐出来的是丝,不再是桑叶了;蜜蜂采了花粉,所酿出来的是蜜,不再是花粉了。这说明了继承与创造的关系。继承,好比蚕吃桑、蜂采花;创造,好比蚕吐丝、蜂酿蜜。不吃桑,就无丝可吐;不采花,就无蜜可酿;不继承,也就无法创造。

学习经典,对于每一位成功的画家来说,都不是陌生的事情。

回归经典,向优秀传统文化致敬。

王宏喜对经典的回归,是在建立了风格之后,他孜孜探索不懈的是超然于图式之上的归属于精神性的东西:审美。真正的艺术家必然是拥有丰富的历史文化资源的探索者。

王宏喜作品《十八罗汉图》

王宏喜作品《对弈图》（扇面）

王宏喜多年来的艺术实践成果在国内书画展和对外文化艺术交流展览，如新加坡、马来西亚、日本、韩国以及中国香港特区、中国台湾地区等艺术展上得以完整呈现，《脊梁》《向海洋》《孔子造像》《秦淮八艳》《盛世修典图》《颜真卿造像》《三国圣贤图》《桃源问津》《竹林七贤》《苏东坡赏砚图》《天佑中华》《西天取经》《五百罗汉图》《百年钩沉》等作品名闻遐迩，引得佳评如潮。

著名文史学家苏渊雷说："文化有三性：一是继承性；二是吸收性；三是创造性。继承是历史的传统，吸收是时代的潮流，创造是民族的形式。三者缺一不可。"

中国悠久的绘画传统是源，中国画莫要断了中国文化的根。中国画理所当然地应该是以中华民族自身的文化体系为旨归的，其精神内核和美学标准要与中国传统文化血脉相通。中国画变革绝对不能离开中国传统这个根，无根之木总是活不久也活不长的。牛顿曾说："如果我所见的比笛卡儿要远一点，那是因为我站在巨人肩上的缘故。"离开了前人的研究成果，人类的科学文化知识就不可能在新的基础上得到发展。书画艺术同样如此，中国画就是要遵循中国画的传统。当代中国画的创作应以中国文化修养作为有力的支撑，真正成为中国文化一个不可分离的组成部分。

中国书画艺术，既是古老的，又是年轻的。它不仅在悠久历史的发展中继承着中华民族的优秀传统，同时，也十分注意吸收外来的营养，不断地革新、创造。

王宏喜对当今国画的所谓"创新"有着自己明确的观点：有些作品不中不西、非洋非土，无论题材内容还是表现手法，都远离中国文化的意韵，与中国画底蕴相去甚远。他认为，相对于创新，今天的中国画更需要传承。这种传承并不是简单地指绘画技法的继承，更重要的是一种对待中国优秀传统文化的态度。

"没有传统的所谓中国画，可以叫画，但绝不叫中国画！"

所有的艺术创作都强调作品的深度与高度，缺少思想的作品从来就不可能在艺

王宏喜作品《羲仲祭日图》　　　　　　　王宏喜作品《始皇东游图》

术史上占有一席之地。历史淘汰的就是那类轻飘飘、没分量的东西。

中国画学习方面的理论，在当代可谓百家争鸣，百花齐放。因此，当代绘画也呈多元化形式发展，但无论如何发展，传统都是不能割弃的优质资源，传统是母体，吸收越多，营养越丰富，画不入传统，如无源之水、无本之木。在当代如此浮躁的画坛，我们更应该深入传统，研习经典，以古人为师，以造化为师。

贡布里希（E.H.Gombrich）说："艺术家的创造是一个民族长期审美心理范式的校正，适当的校正等于创新。"传统就是"一个民族长期审美范式"，也可以说是样式。每一个时代有每一个时代的精神，每一个画家有每一个画家的个性、修养和文化内涵，加到这个范式中去，便是校正，便是创新。不临摹就写生的人，很

王宏喜作品《孔子望海图》

王宏喜作品《大禹治水图》

难得到"民族长期审美范式",也就谈不上校正了。

习近平总书记说,抛弃传统、丢掉根本,就等于割断了自己的精神命脉。博大精深的中华优秀传统文化是我们在世界文化激荡中站稳脚跟的根基。

王宏喜称赞与认同著名文史学家苏渊雷在其《中华民族文化论纲》一书中所说的"继承性是基础",因为:"在今日,要想建立一种与故旧绝缘的新文化,实在是件不可能的事,而且依照思想之辩证的法则,文化之史的发展规律,也断不容我们对旧文化弃之如敝屣,何况它还是培养新文化灿烂之花的沃土?"离开了继承性,任何时代的文化建设就只能成为空中楼阁,而吸收性则往往是新文化产生的催生剂。至于文化的创造性,乃是最高度的综合,也是人类文明得以不断推陈出新的动力所在。

　　王宏喜对中国画笔墨的本质理解是：中国画是中国的伦理和文化的笔墨写照。

　　我们的伟大祖国，被誉为"世界四大文明古国"之一，历史悠久。在这幅员辽阔的神州大地上，名山大川星罗棋布，名胜荟萃，浩瀚璀璨，驰名中外。高耸的山峰，莽莽苍苍；无垠的大海，波涛汹涌；纵横的江河，奔流不息；险峻的峡谷，鬼斧神工；晶莹的湖泊，珍珠点缀……自然景观如此之壮丽，而那人文景观，更是灿烂辉煌，宫殿、庙宇、石窟、园林、碑林、书院等到处可见。历代诗人都满怀激情，留下了吟诵中华大好河山的千古绝唱；杰出书画家振臂挥毫，绢素丹青保存了传世佳作。"我见青山多妩媚"，南宋辛弃疾的词，道出了人们的情怀……

　　画山水是不能缺少情绪的，有优美、有激情、有深沉，也有愁戚，而人的情绪是有感而生的，没有强烈的碰撞是不可能产生如此浓烈的情绪的。

　　王宏喜怀着对祖国的爱，对家乡人文历史的传承，又许多次返回连云港，领略了云台山气势雄伟，山秀石美，峰峦叠翠，突兀千寻，云烟掠地，雾鹜同飞，花木繁茂的幽境，尽管那里的山水没有江南的细巧、秀丽，但有神话、传说、历史人文记载无数，所表现出的历史的厚重却使他这个素来就喜欢历史的画家，爆发出巨大的创作激情、产生出如泉的创作灵感。作品《羲仲祭日图》《大禹治水图》《始皇东游图》《孔子望海图》《徐福入海求仙》《李白》《苏东坡》《梁山好汉上云台》《辛弃疾海州抗金》《李世民东征》《陶澍探幽》《吴承恩西游记》等一幅幅精彩纷呈的山水人物、历史人文系列组画，呈现出时代精神与艺术创新的融合，清晰地展现出王宏喜领略云台山重峦叠嶂、花果山洞穴累累以及摩崖石刻、人文胜地的五彩缤纷、碧落苍空、海市蜃楼的风情之后，赞美山河壮美、人文辉煌而流出的心迹。

　　我们热爱祖国，不仅应当爱她的锦绣的河山，勤劳的人民，优秀的文化，更应当用自己的心血和汗水为她的河山添彩，为她的人民造福，为她的文化增辉，为她的繁荣富强做贡献。

　　王宏喜是一位心里生长着对祖国的热爱之情，为祖国河山添彩，为祖国文化增辉，怀有大爱的艺术家。

　　我们知道，任何艺术作品都是时代的产物，也都是每一位艺术家的精神创造。

　　王宏喜曾就读于南京艺术学院，学院所在地金陵文化是魏晋文化的延伸。魏晋南北朝时期，人物画又吸收了佛教艺术的精华，画家是理想家、革新家，从事绘画对他们来说是自我精神家园的完善，无论是笔墨的形式，还是画家笔下所绘的形象，两者的完美都是画家的精神追求。王宏喜在艺术学院求学期间刻苦钻研，认识到：凡是求取学问，听到了知道了都还不算是真正有所得；要真正有所得，必须默默地斟酌思考，心领神会，融会贯通。

"读书百遍，其义自见"说的也是学习要靠深钻细研，反复推敲。浮于表面，不求甚解是获不到真知灼见的。要博学而不穷，笃行而不倦。不学习古人，就没有一种方法可以参考；全都学习古人，又把自己置之什么地位呢？

贡布里希曾经说："实际上没有艺术这东西，只有艺术家而已。"因此，要理解艺术，真正深度阅读艺术作品，离不开对艺术家成长经历与人生际遇，包括其生活的时代、文化背景等的综合了解。

居里夫人曾经说过："我从来不曾有过幸运，将来也永远不指望幸运，我的最高原则是：不论任何困难都绝不屈服！"的确，在艺术上承继中华优秀传统文化，从而取得成果的，只能是那些具有学问素养的人，只能是那些善于独立思考的人，只能是那些具有锲而不舍精神的人。水墨乃中国艺术人文精神的渊薮，笔墨求之于水，是心性与笔性的融会贯通。只有下了苦功，有了刻骨铭心的生活经验，有了血肉相连的感情交融，有了亲近大地的匍匐与谛听，有了对于人民音容笑貌的细腻记忆与欣赏，画出来的人、生活、情感，才能突破局限、充满真情。

艺术就是这样，总是"称文小而其指极大，举类迩而见义远"，"借一芽萌而绘春光如海，画一叶落而知秋意如杀"。扇面虽小，文章却大。张大千曾说，扇子并非只是用来纳凉的，一扇在握，文人的身份便显现出来。谁题的诗、谁作的画、谁刻的字，都透露出主人的艺术品位。王宏喜的画，无论是宏幅巨制，还是斗方小品、扇面，都一样透露出恢宏的气势和饱满的精神。这也许就是他不同于一般的画家之处吧。

优秀的绘画，是画家经过漫长的基础技法训练之后的灵光闪现。

斜风细雨、滂沱大雨、山明水秀、春山如笑、水天一色、层峦叠嶂、满目青山、千岩万壑、暮景萧萧、杨柳依依、花红柳绿、春兰秋菊、岁寒三友、群芳竞艳、春色满园、旭日东升、皑皑白雪、楼台亭阁、曲径通幽……总会引起画家的关注和遐思，就能为画家带来创作灵感。

王宏喜喜欢探究、学习中国画家对白雪的描写，特别是学习、临摹北宋画家范宽（约950—1032年）的代表作《雪景寒林图》，范宽笔下的苍茫雪景显得磅礴深沉，画出了北方壮美雪山景色，使人产生无限遐想。

《雪景寒林图》兼用"高远""深远"的构图法，巨壁高崖，"折落有势"（米芾语），远景为深远雪峰，近景有树、水，皑皑白雪则在树下、山顶和山脚屋顶时隐时现，衬托出主体山峰的高大、突兀，气势雄伟，场面壮观。王宏喜曾说："观察此画，不难发现寒林与雪景之间，人、山寺与居屋是渺小的，远方的群山气势撼人，充分展示了中国山水自然的宏大壮阔之美。"看得出王宏喜善于向古代优秀画家学习，领悟山水画家描绘雪景时受益匪浅，也常将个人的抱负志向、审美旨趣融合山水之中，彰显其天人合一的文化意蕴。

在20世纪末期，即将迎来新世纪的一天，桂子飘香，本书作者在王宏喜画室里看他创作长六尺的《四季山水图》，一饱眼福。作品构思别开生面，超群出众，笔墨清秀雄强。画中展现出的山水风景如宋代郭熙所言："春山淡冶而如笑，夏山苍翠而如滴，秋山明净而如妆，冬山惨淡而如睡。"王宏喜把大自然的四季变化，表现在尺幅千里之中，浑然一体，一笔不苟，大有可观，令人叹服。欣赏这幅山水画，我屏气凝神，神怡心醉，久久不忘。

王宏喜在作画之前，也是仔细揣摩，反复酝酿，胸有成竹，再动笔。如画《红楼梦人物》前反复阅读《红楼梦》及有关前人绘红楼梦画的资料，做到对园中的一台一楼、一亭一阁和园中诸人物的一举一动、一颦一笑都了然于胸，而后抓住主要特征，通过巧妙的艺术构思与想象，于画中生动、传神地表现了大观园中衣香鬓影、脂浓粉腻的生活场景。

王宏喜对待创作态度严肃认真，注重细节，参用透视原理，突破国画笼统、模糊、不注重比例等旧习框框。他画苏东坡，因相传苏东坡戴"东坡巾"，很注意刻画其头巾，强调画苏东坡的头巾，必须画上三条起线，因这是苏子特

王宏喜作品《红楼梦》（插图）

制的"东坡巾"。

王宏喜在每幅画上,都注意"协调"和"统一"。画将要完成时候,他就把画挂在墙壁画板上,总要多次地远看、近看,也从侧面观望,密针细缕,察看是否还有需要添补的细节。

我经常在王宏喜画室看他作画,兴会淋漓、一饱眼福。王宏喜善于创作古代先贤、文学家、诗人、武将、仕女等形象,笔调雄强苍润、线条飘逸自如,画出了古代名人所处的特定年代的氛围,形象鲜明、生动,跃然纸上。如作品《孔子造像》《屈原问天图》《曹操观海图》《李白将进酒》《王维西出阳关图》《苏东坡赤壁怀古》《秦淮八艳》等,尽管我在此前阅读的书中从来没有见到过历史留下的这些古代人物的真实存照,但一见到这些作品就觉得历史上他们就该是这样的形象和神态。

画白居易的《琵琶行》时,王宏喜题款时把《琵琶行》诗文一气写成。他还将白居易的生平事迹和市井流传的逸闻趣事"研究"透了,作品不仅笔墨精到,腹中更是不缺历史人文知识,令人叹服。

王宏喜作品《琵琶行》

王宏喜作品《竹林七贤图》

王宏喜历史人物画的特点是力求符合历史人文记载、传说、故事。困心衡虑，推本溯源，从来不去想当然地塑造人物，为此不惜时间去旁征博引，努力地多做一些学问，经得起推敲后，方才进入到创作构思的状态里去。

王宏喜创作历史人物题材时特别关注其历史年代的人物特征、服饰、经济文化发展情况，特别对宋代经济文化，他更有自己的理解。在我们一起闲杯乐胜天地宽，觥筹交错，说古道今，酒酣耳热略有"醉意"时往往有"言之有据、言之成理"之说。在谈到宋朝历史时，他说，在对历史经验的总结中，不少人以为，宋朝的建立多是假他人之力，赵匡胤黄袍加身即是例证，弱宋之名，渊源有自。偏安江南的南宋，更被认为是在强敌环伺的环境里苟延残喘。然而，这毕竟是片面、刻板的历史书写。他更同意国学大师陈寅恪先生说的"华夏民族之文化，历数千载之演进，造极于赵

王宏喜作品《赤壁怀古》

宋之世"。纵深考察宋朝历史及考古发掘的深入，更多丰富而灿烂的文化遗存得以面世，也改变了此前对宋朝较为负面的评价，转而承认宋代的经济文化地位。

"创作宋代人物或诗意图要特别注意宋人服饰的方方面面，要了解服饰的穿戴者，包括：帝后、官僚、文人、武弁、平民、僧道人员及儿童，服饰内容又及礼服、制服、便服、工作服，更有冬夏之别、成人儿童之别，还有相关的发式、冠、帽、带等。宋代士庶的首服以巾为主，式样及名称很多，如东坡巾、高士巾等。方正高起是巾的式样的主要特色。除了服饰，宋人的发髻也是值得关注的。整体来看，它们继承了晚唐五代的遗风，以高髻为主。"王宏喜在笑谈之中深入浅出的综合分析，使我们感到不读史无以见中国历史传统的悠久，不读史无以见中华文化遗产的丰富。

王宏喜创作历史人物题材时用笔坚凝而多折，色彩淡雅而沉着，更重视构图中人物姿态位置的错落变化以及对背景环境的描绘，使人物的面貌从单一的变成丰富的。

在艺术作品里，艺术形象都带有浓厚的感情色彩。"登山则情满于山，观海则意溢于海"，"一切情语皆景语，一切景语皆情语"。描山川以代音，绘草木以传情。李白举杯邀明月，如同面对知己好友倾诉心曲；杜甫"感时花溅泪，恨别鸟惊心"，花和鸟一旦进入诗人的审美视野，便有了人的灵性，非同寻常客观之景物。

王宏喜创作的《桃源问津》《李白将进酒》《王维西出阳关图》《琵琶行》《苏东坡赤壁怀古》等历史人物题材作品，则完美地将传统形象符号与现代表现手法融合在一起，画中有诗，组成了一幅幅耐人寻味的画面。

王宏喜成熟的绘画特色是水墨写意，尤其是小写意人物画不仅是他的绘画风格代表，也是他内心情怀的映照。写意的结果就是留存在纸上的笔墨，因此，写意的根本是笔墨。无论是笔头大的粗阔之作，还是笔头小的细谨之作，讲究的都是笔法上乘，墨色入流。

王宏喜的佛教题材创作取得不少成就。一方面是对中国优秀传统文化（文学、史学、哲学）的熟悉和化用，钻研中国传统经典画论，推陈出新；另一方面是借鉴、吸收和改造佛学及西方文学经验，大处落墨，建构起有时代创新、有自身特色的叙事内容和方式。

追溯历史，中华文化早在数千年前就与异国文化开始了交流。汉唐时代，中国文化是相当开放的。在许多方面，中华民族的祖先曾非常勇敢地、毫不犹豫地吸收外来文化因素并加以改造，不断丰富中华文化的内涵。从意识形态方面看，中国接受了从印度传来的佛教，这是世界主要文明体系之间的最大规模的交流之一。

佛教哲学与儒道哲学相互会通的结果，就是三教哲学的大融合。究其原因，实乃在于中华固有的儒道思想与大乘佛教相契合，为其发展壮大提供了极好的社会土壤。儒家心性论关注善恶，要求改恶从善，实现修齐治平；道家心性论重视真伪，主张无以人灭天，无以故灭命，尊重自然萌发的自由意愿；佛教心性论关注染净，主张转染成净，超凡入圣，此其大异，然就同为理想人格寻求心性依据而言，又大体相同。就最高的理想人格普遍于众生心性而言，大乘佛教与儒道思想有较多的共同之处，因而心性论逐渐成了佛教哲学与中国固有的儒道哲学的主要契合点。

著名文史学家苏渊雷先生曾说：

> 玄奘是中国传统佛教成就最大的学者，同时又是继承印度正统佛教学说的大成者。他翻译经论既多且精；弘扬佛法真义，亦最得力。作爱智的旅行，具冒险的精神，饶历史的兴趣，富文学的修养，独往独来，横绝一世。虽然在他之先，有功佛教的，尚有"弥天释道安"和慧远；大量翻译经典的，尚有鸠摩罗什和觉贤；西行求法的，尚有法显和智猛诸高僧；但在成就上总不及他的全才备德，独步千古。玄奘一方面具备印度大德论师缜密周详的治学头脑与不惜生命的求法精神；同时兼有中国第一流学者冲旷明朗的襟怀与崇高纯挚的德操。他是沟通中印文化的最大成功者；又是摆脱传统、不安所闻的真理追求者。

> 作为世界伟大的旅行家、翻译家和思想家之一的玄奘，不但是佛教的大师，而且是历史上的重要人物。他有沟通中印文化之功，在中印交通史上他占着最重要的几页。不但这样，玄奘的赴印留学、讲学，对于中印两国友谊的促进，更具有历史意义。

在《法轮初转》《普渡众生》《天籁梵音》《佛经东传》《西行取经》《太宗迎玄奘》等作品中都能看到，王宏喜借助中国优秀传统文化和外来传入佛教等综合学识，积累绘画经验，传达了他对中国传统优秀文化吸收消化外来文化的独特理解。因此，相比其他书画家，王宏喜无疑"具有文史哲学养融会贯通的更有利的条件"。

不忘初心，让作品说话——王宏喜评传

王宏喜作品《法轮初转》

王宏喜作品《普渡众生》

王宏喜作品《天籁梵音》

王宏喜作品《佛经东传》

王宏喜作品《西行取经》　　　　　　王宏喜、潘宝珠合作《莲卧观音》

唐人岑参曾言："始知丹青笔，能夺造化工。"耄耋之年的王宏喜亦进入了心无挂碍、无欲则刚的境界。他这个时期的一些作品如《五百罗汉图》《佛教探源系列组画》等是那么的兴笔挥洒而法度森严，纵横驰骋而细节精彩，吴带当风，臻达海派佛像人物画集大成的境界。他不变的是爱和创造力。

"颇具匠心""匠心独运"，这是一种称赞，一种赞美。匠心，原指能工巧匠的心思，比如木匠祖师爷鲁班，看到草的叶片上有一排刺，受到启发，回家潜心钻研，反复试验，发明了锯子，人们至今还在使用。在古代，匠心通常指运用在文学艺术上的构思，而且是创造性的独到构思。

纵观中外文学艺术史，欲创作传世作品，无不"煞费匠心"，苦心孤诣。套用"精诚所至，金石为开"的话来说，匠心所至，极致可达。匠心所在，就有一丝不苟，就有精雕细刻，就有传世作品。

吴作人先生说："什么才是艺术品？一件艺术品就是它能够表现一个民族、表现一个时代、表现一个环境。……唯其有这些要素，才可以从一件艺术品里看到一个民族，看到一个时代，看到一个环境。"我想这就是吴作人先生所说的"艺为人生",艺术创作必须紧贴时代、反映民族精神和风貌。

王宏喜在创作画过程中,与众多历史圣贤雅士谈笑风生。他的作品穿越时间隧道,拂去封存千百年的历史尘埃,穷原竟委,还古人的艺术形象,以令人瞩目的历史文人系列作品驰骋于画坛。

王宏喜从艺七十余载,不忘初心。他一直尽心在做一件事,那就是传承中华优秀传统文化,不忘中国画的根。他的作品构图布局舒朗大气,不事琐屑。在传承中创新,在创新中守住根,可以说,他将中国美学意境的虚实相生、动静相应和写意渲染等要素糅合在作品中,创作出一幅又一幅反映当代日新月异的景象、火热的生活图景和中华人文历史的人物画卷,从而载入当代美术史。

当下书画界有些人心灵浮躁,不愿下功夫研读传统经典绘画理论和作品,只读同时代的作品,但相近的视野,很难提升自身素养。王宏喜说,时下作品"浩瀚"终觉浅,要想有传承、有发展,经典深读不可缺。而经典中的恒久魅力,有助于书画家迈向更开阔的远方。

王宏喜是敬畏传统的,对于艺术,他始终有着顽强的探索求新精神。他的绘画,不是一味地流连于一家一派,而是吸收、消化先进理念、表现手法,以丰富、提高自己素养。他笔下水墨人物画在继承传统中积极创新,显示的是崭新、深邃、成熟的民族风格。"坚定文化自信,不忘初心,继续创作出不负时代,具有生命力的好作品。"这是王宏喜的肺腑之言。

有一回他在同我和几位学友一起喝酒聊天时谈道:"做学问、搞艺术创作应该像文学史家赵景深说的那样:须具备'五心'——爱心、专心、细心、恒心和虚心。爱心即对中华优秀传统文化、对中华民族历代的不朽作品须有一种炽烈的挚爱之心;专心是坚毅不拔的志愿;细心即对待创作材料心如发丝,不经过一番仔细考核就不轻易下笔;恒心即锲而不舍的精神;虚心就是向传统经典学习、承继,向同行们请教,取长补短。"

关于艺术,朱光潜提出:离开人生无所谓艺术,因为艺术是情绪的表现,而情绪的根源就在人生。一切美的事物都有不令人俗的功效。人生,就是要赋予生命美的品质。

只有具有本民族文化特点的艺术,才是真正美的艺术。一是任何有成就的画家和传世的作品,其创作灵感都来源于生活体验。面对自然万物,面对日常生活,如果善于捕捉到艺术的灵光,用独特的风格进行宏观或微观的表现,这样的画作必然

王宏喜作品《五百罗汉图》（局部）

王宏喜作品《五百罗汉图》（局部）

有其审美价值，具备传世的可能。二是画家自提笔之时起，自身的思想意识，便不加掩饰地呈现于笔墨和色彩之中。新颖和独创是艺术美的基本要求，异者生，同者亡。所谓"文以载道"，杰出的画作，何尝又不是"画以载道"呢？

中国画的妙处也许还在于一个"情"字。都说诗画同理，诗离不开情，画又怎能超脱？以有情的态度面对生活，看最卑微的野花都有意义。

江山如此多娇，引无数名家竞挥毫。很多艺术家都曾以《江山如此多娇》的作品，表达对祖国的祝福,也引无数观者折腰。最为耳熟能详的,当属如今悬挂于北京人民大会堂的巨幅山水画《江山如此多娇》。那是国画大师傅抱石、关山月历时四个月合作完成的,作品高5.5米,宽9米。构思别具匠心,画面上旭日东升,江山壮丽,新中国的勃勃生机喷薄而出。画面一笔不苟,巧妙地融祖国山河的东西南北、春夏秋冬于一体。近景是江南青绿山川、苍松翠石,远景是白雪皑皑的北国风光,中景是连接南北莽莽无垠的肥沃原野,而长江、黄河贯穿了整个画面,尺幅千里,展现了神州大地绚丽壮阔的美景。

齐白石年逾90创作的《祖国颂》,高2.18米,宽0.725米。所绘内容有着艺术家一以贯之的简洁,只有一株松柏、一轮红日、一只仙鹤、一汪湖水、一方岩石。这些事物的组合,不仅是美好寓意的累加,笔触流淌出的更是一种神清气爽、畅快自由,那是艺术家心情的真实表达。

艺术家应新时代而生的笔墨绘画,有着很多令人大开眼界的表达,却都根植于他们深厚的传统艺术功底。比如,海派国画大师程十发先生以工笔画形式创作的《歌唱祖国的春天》,在1957年获得全国第一届青年美术展览一等奖。画中绘有近20个人物,头戴方巾、放声高歌的老妈妈,手握快板、打着节拍的老大爷,身穿工作服的工人,佩戴红领巾的小学生……他们舒展的身姿、惬意的神情透露着心里荡漾的和煦春风,加上远景祥云萦绕、层峦叠嶂,中景山花烂漫、虬枝峥嵘,近景竹、石、兰辉映成趣。画面以饱满的构图、明朗的色调定格男女老少欢聚一堂的其乐融融,人物造型体现了艺术家扎实的素描功底。

王宏喜和这些艺术家一样,他的《向海洋》《脊梁》《聚焦长江口》《世博功臣》《天佑中华》《百年钩沉》等作品充满艺术创造力的表达,是艺术家对祖国的炽热情感和真诚祝福。

七

不忘初心，让作品说话

"欲穷千里目，更上一层楼。"人生的意义就在于不断进取，有所待才能有所为，有所追求，才能日臻至美的理想之境。

创造和贡献是人类与其他动物的本质区别。人生的真正价值就在于创造，在于对世界的奉献。否则，将虚度此生。一个人的人生，以创造性劳动，奉献于社会，就能受到人们的尊敬。

七、不忘初心，让作品说话 091

1984年元旦，由南京博物院、江苏省美术家协会联合举办的"王宏喜画展"，在南京博物院开幕。王宏喜的作品带来了海港、渔村的信息。家乡连云港的佳山秀水、沸腾的海港生活、俭朴的劳动人民，在王宏喜的笔墨中得到了创造性的再现。特别引人关注的是，王宏喜通过研读史料、传说，凭借丰厚的文史知识，整理出历代到过连云港的名流雅士，从尧、舜、禹、孔子、秦始皇到苏东坡、吴承恩、李汝珍等，用艺术性创作手法将其表现出来。从中可以看出连云港数千年的文明史，同时也可看出王宏喜对家乡真挚的情感。画中其景其貌，其人其事，神韵丰满，形象生动。观者如历其境，感奋不已，流连于动人的意境之中。

王宏喜的作品新，既基于古，又离于古，异梦而同床，异象而同宗。王宏喜去创新、去突破，他从没有懈怠过，默默地在艺术土地上耕耘着。有耕耘必定有收获，他的收获越

潘宝珠与好友张燕钧参访上海玉佛禅寺，在贵宾厅合影留念（背面墙上悬挂着王宏喜的作品）

来越为人们所认可，为业内同行所称赞。人们在欣赏王宏喜的画作时，都会感到赏心悦目，都会被他的作品所打动，深深感受到中国历史人文的光辉和大美河山的壮美。是的，你也会陶醉在他的作品中不愿离开。

"作为一个现代的中国画家，你只有在前人的基础上去创新去突破，这样你的艺术作品才会有生命力。"王宏喜对海、海边的人、海与人的关系有独特的见解，着意塑造的新人物渲染出建设社会主义、实现"四化"的氛围。作品《黄海风》并肩同步的一排青年渔民，带着丰收的喜悦，在收获海带，姑娘们侧身蹬足，头巾随风飘动。《向海洋》画面中八位渔民正将一叶小舟推向大海。那礁石间隙中有进有退流荡着的海水，那一次次涌进船舱的雪浪花，尤其是八位各具形态的渔民，着力点落在一处，仿佛正在拼全力把小舟真的向画幅上端推动。没有亲临其境认真观察体验，没有深厚的生活底子，很难画得那么逼真传神。《海风》画面中老渔民风中的乱发、沧桑的脸庞、粗砺的大手，无不显示出在海中"讨生活"的艰辛。但从老渔民脸上那丝若有若无、神色自得的微笑，我们似乎读到了他对此番出航丰收的满足。

我们在其作品中显现出的场面开阔的渔人群像中，看到了新时代劳动者的自信与力量。画中点缀的"洋饮料""酒"使画面一下子激活，又使人联想不已……从这些作品中我们能感觉到历史的步伐，时代的心音！

王宏喜作品《出海》主体是三个壮实的渔民扛锚下滩，向大海走去，准备起锚出海。从渔民上半身紧绷着的肌腱，显示出铁锚的重量和渔民的强健体魄。背景是一群拖着鱼网的姑娘，韵律流畅，神态和融，与前景正好刚柔并济。这匠心独运的构思对比，增强了出海前紧张繁忙、齐心协力的气氛，形象而生动地反映了改革中的渔村生机盎然的景象，具有鲜明的地方特色，不愧为"海味"十足的佳作。该画于1987年在中国美术馆展出，展览期间受到关山月、黎雄才、华君武等国画大师的肯定与称赞。美学家、美术评论家王朝闻先生在参观展览后即在《人民日报》上著文说："江苏中年画家们没有把外国的旧风当作我们的新风"，"这次画展作品把时代和地方特色有机地统一起来，《出海》就是一例"。年后初春《出海》被《红旗》杂志用封二整版篇幅刊登介绍。

王宏喜画的《脊梁》是在《出海》构思上的进一步创新，深化了主题，突出了民族精神。画面的人物都是鲜活的，那只扛在众人肩上硕大而又沉重的铁锚，那张刚从海水里拉出来的带着渔家汗水的渔网，以及那些在滩涂上留下的深深脚印……

粗犷的线条，豪放的色块，不仅是具体的人物骨气，他想要表达的更是民族的脊梁、爱国的情怀，是一种艰苦奋斗、自强不屈、无私奉献、勇于牺牲的民族精神。作品《脊梁》受到观者的广泛赞誉。

生活，是取之不尽的创作源泉，也是灵感迸发之地。"深入生活，拥抱生活"永远不是一句过时的话。贴近社会，扎根人民，不断被新事物、新气象所刺激，结合自己的人生经历，感动于心，艺术激情便会自然涌现。

俄罗斯作家康·巴乌斯托夫斯基说过："灵感需要刺激。一次邂逅、一句记在心中的话、梦、远方传来的声音、一滴水珠里的阳光，以及我们周围世界的一切和我们自身的一切都可以成为刺激。"

一个画家无论其想象力有多么的恣肆狂放、恢弘磅礴、诡谲奇异，都有一片坚实恒久的感应区域，诺贝尔奖得主莫言的高密村，著名历史学家阎连科的耙耧山区皆是如此，而地处铁路连接世界的起点的连云港则是王宏喜想象的源头，一切都从那儿开始。《脊梁》《向海洋》《海风》等画面构思，错落有致地镶嵌在连云港的背景中，缀合成一幅幅鲜活绚丽的画面，可谓新世纪当代描绘连云港的最出色的作品之一。

在中国画中，画人物画不易，画现代人物画更是艰辛，仅有绘画的才艺，没有深厚的生活底子，是无法驾驭现实题材的。

王宏喜在谈到《大海》系列作品时曾说过："船老大，啊呀！这些形象面孔真是像刀刻的，形象很能够入画，黝黑的面孔，眼睛会看很远，耳朵也能听得很远，真能画！现在我每年回到家乡，到海岛上去，这些朋友都认识我。我画了大量的速写，我大学毕业的创作也是画渔民的题材。几十年下来，渔民的形象在我脑海里是永远抹不掉的。"

《晌午》反映当代农村老农，抿口老酒品生活。秋高气爽，又是丰收时节，三个老农在田间摆开两碗小菜，定定心心抿起了老酒。老农们脸上布满皱纹，古铜色的脸上泛着舒心满足的笑意，神色怡然，兴致勃勃唠些家常话——忆往昔峥嵘岁月，说如今饱食暖衣，苦尽甘来，喜笑颜开……

当你读完这些触及画家灵魂深处的作品，你不仅会由衷感叹这一切岂止是用画笔来描绘，而是画家用心用发自内心的激情来描绘的。

王宏喜作品《峡江行》

峡江行

追随着诗词的脚步，我们总能在不经意的时候遇见一份期待已久的感动。

我国魏晋时期、唐宋时期，以山水为题材的诗与画，不仅数量众多，而且色彩缤纷。"江作青罗带，山如碧玉簪"，韩愈用比拟贴切的诗句写出了桂林山水的柔美性格；"江流天地外，山色有无中"，王维用传神之笔写出汉江一带山水壮阔的气象。艺术家的作品非无源之水，其源就是自然之美。

长江三峡，山水之性灵，天地之大美。李白晚年行经三峡时曾作《上三峡》诗一首：

巫山夹青山，巴水流若兹。
巴水忽可尽，青天无到时。
三朝上黄牛，三暮行太迟。
三朝又三暮，不觉鬓成丝。

此诗虽满腹萧然，叹的是三峡之险恶行难，但笔尖流转的，却全是磅礴山水、雍容气度。

杜甫《夔州歌》云："白帝高为三峡镇，瞿塘险过百牢关。"

长江三峡是万里长江上最为壮美的峡谷关口。三峡迂回曲折，景色清幽至极。两岸奇峰陡立、峭壁对峙，山巅云腾雾绕。美好的景物比比皆是，宛如一幅徐徐展开的山水画卷。穿行在狭长的峡谷间，无不为她的壮美奇秀而叹服。

作家刘白羽文中写道："两岸山势奇绝，连绵不断，显然使我们的江山充满了诗意，而诗意又是变化无穷。突然是深灰色石岩从高空直垂而下浸入江心，成了个令人想不到的一个巨大惊叹号；突然是绿茸茸的草坡，像一支充满幽情的乐曲；特别好看的是悬岩上那一堆堆给秋霜染得红艳艳的野草，简直像是满山杜鹃了。峡窄江陡，江面布满大大小小的漩涡，船只能缓缓行进，像一个崇山峻岭之间慢步前行的旅人，但这正好使远方来的人，有充裕时间欣赏这莽莽苍苍、浩浩荡荡长江上大自然的壮美。"

王宏喜的山水画《峡江行》画出了江天秀色。画中幽深而曲折的河流，嶙峋的怪石，延绵不断的悬崖绝壁，让层峦叠嶂之上衬托着一团红雾，而近处的山峦却又碧绿如翡翠。江中的船只也成了布景，有动有静，如诗如画。真是"江山如此多娇"！

《峡江行》中诗情画意的描绘，景与情的融合，都给我们一种美好的精神享受。谁能不生发出对祖国大好河山的热爱，谁会不生发"乘风破浪会有时"的感慨？

王维写过一首《送元二使安西》：

渭城朝雨浥轻尘，
寒舍青青柳色新。
劝君更尽一杯酒，
西出阳关无故人。

这是王维一首极负盛名的送别之作。前两句写了送别的时间、地点和气氛。用"朝雨"洗尘、"柳色新"来刻画送别的环境，侧面烘托心情。后两句抒情，是送别者说的话，写得情深谊重。一个"劝"字，一个"更"字，就像是浸透了诗人全部丰富深挚情谊的一杯浓郁的感情琼浆。有景有情，交融密合，道出了千万离人的共同心声。

王宏喜《西出阳关图》的艺术形象是根据王维这首诗的诗意而构思创作出的：天寒地冻，西出阳关，从此孑然一身，已没有故人的身影，莫逆之交就在此饮上一杯，从此空留思念，无人比邻。画面右上角题诗，屋外风刀霜剑，屋内两人峨冠博带，

王宏喜巨幅作品《三国圣贤图》被日本超善禅寺收藏

频频敬酒,离别之心,跃然纸上,人物形象栩栩如生,给观者留下了深刻印象。

王宏喜外出旅行、写生,每赴一处,总有佳作涌出,这是画家对中华河山、人文胜地、中华民族深爱的柔情。

1982年,在南京举办个展。其作品《东坡听琴图》被南京博物院收藏。

1986年,在日本大阪市博物馆举办个展。其作品《三国圣贤图》屏风被大阪佛教会超善禅寺收藏。

1985年6月5日,王宏喜与连云港市书法家杜庚应日本堺市市长田中和夫的邀请,以首批中日文化交流使者的身份东渡扶桑,进行友好城市首次文化艺术交流活动。临行前夕,他精心创作了一幅《三国圣贤图》。此画为宽12米、高2米的巨幅历史画卷,分桃园结义、煮酒论英雄、走马荐诸葛、三顾茅庐、群英相会、三国归晋六个部分。王宏喜将其送给他的日本友人——超善寺十九世住持,79岁高龄的梶原重道先生,以完成他三年前许下的承诺。

画幅长存证友谊。王梁先生在1985年7月27日《连云港报》著文回忆此次出访文化交流,传递友谊,弘扬中华优秀传统文化,祝福中日两国人民世代友好时写道:"梶原重道老先生是日本佛教界很有名望的住持,熟悉并精通中国传统的书法、绘画艺术。1982年他随日本堺市友好代表团来连云港访问时与王宏喜相识。对艺术执着的追求和致力于中日友好的共同愿望，使两位国度不同，语言各异的陌生人一见如故，情深意笃。当时，梶原重道住持饱蘸浓墨挥毫写下'南无阿弥陀佛'条幅赠送给王宏喜，王宏喜也即席画一幅《鉴真上人像》回赠。梶原重道如获至宝，爱不释手，动情而幽默地说：'鉴真东渡赴奈良必经堺港登陆，这幅画有意思啊……'"

临分手时，梶原重道住持又对王宏喜吐露了想得到一幅反映中国历史《三国故事》的水墨画的夙愿。他说："《三国故事》中，有关于战事、人生、佛教、历史、兵法等多方面知识，在日本几乎家喻户晓。我想得到王先生的画，一来是学习中国传统的笔墨技法；二来是让子孙们知道，日本很多的文化艺术是从中国传来的，中日两国要永远友好下去。"梶原重道住持的肺腑之言，使王宏喜深受感动。他表示一定不负重托。

1985年6月10日上午9点多钟，庄严、盛大的《三国圣贤图》揭幕仪式开始，画幅装裱在佛堂正厅的隔扇纸门上。佛教徒为王宏喜和同行的杜庚等人戴上佛门胸花。超善寺内各方代表济济一堂，佛门弟子身穿崭新的袈裟，焚香击铃，合掌诵经，乐队用中国的民族乐器笙、箫、管、笛等吹奏乐曲。超善寺内外充满虔诚而热烈的气氛。梶原重道住持非常激动，即席赋诗道："老衲魂入画，何拘国境人不同。风俗虽异人相通，和平友好，艺术永存。"

接连几天，日本《读卖新闻》《朝日新闻》《圣教新闻》等各大报社，都作了介绍和发表了部分作品，大阪NHK国家电视台、读卖电视台均拍摄了专题电视片，连续播发这一消息，该作品以巨大的魅力吸引着成千上万的佛教徒和当地居民，在日本刮起了一股"王旋风"。

充实而短暂的文化艺术交流活动结束，代表团将要回国，日本堺市市长田中和夫等前来致谢、送别，传递着两市人民的友谊。最引人注目的是在众多欢送的人群里出现一幕感人的画面：梶原重道住持率领全家四代十八口人全部到齐，大家动情拥抱，难舍难分，只是使劲地挥动手臂，从心底发出呼喊：中日两国人民将世世代代友好下去！

著名的大阪佛教会会址超善禅寺为了收藏王宏喜的作品，不惜以重金改建山门，并郑重其事地易名为"王宏喜书画寺"，以致该寺成为当地名胜古寺，成为旅游的一个热门景点。

王宏喜作品《孔子造像》

1991年，《孔子造像》由南京夫子庙大成殿收藏。《秦淮八艳》屏风由南京"秦淮人家"收藏。

《孔子造像》是王宏喜参照唐代画家吴道子画的《孔子像》而创作的作品，意在笔先，构思成熟，然后动笔。作品着重于孔子文化气质的刻画，神采飞扬、栩栩如生。画像高 6.5 米，宽 3.15 米，为国内最大的孔子画像。《孔子造像》面像上孔子身着大袖裙袍，银须飘胸，脸上布满皱纹，厚实的双手交合胸前，谦恭温良，神态可掬，没有峨冠博带，慈眉善目，蔼然可亲，看上去很像人们印象中毕生尽力于教育的孔子形象，令人肃然起敬，让人感受到一种人文精神的升华。自画像被收藏悬挂在南京夫子庙大成殿后，形成一道弘扬祖国优秀传统文化、敬贤尊贤的靓丽景点，每年都有无数的观者前来朝拜。王宏喜传承艺术，更传承精神，使伟大的思想家、教育家孔子的形象永久地活在观者的心里。

《孔子造像》受到全国各地新闻媒体关注并刊登评论，称赞《孔子造像》传承艺术，更传承中华优秀传统文化精神。1992 年第 1 期《人民画报》刊登了《孔子造像》的介绍。

在文化轴心时代，凡是为人类文明做出巨大贡献的伟人，都没有留下物理或化学的形象。不管是孔子、老子还是苏格拉底、亚里士

报纸刊登报道介绍王宏喜作品

多德，他们的形象，属于"大象无形"，只沉潜留存在他们的不朽著作里，等待后来者解读，并在解读的朗朗书声中复活。

冯友兰先生在《论形象》中说："历史上的孔子，是不是就真是像这些画像中所画的那个样子？如果像不像是以历史上的孔子为标准，那就很难说了。孔子已经死了将近三千年了，现在的人有谁见过孔子？要说像，你有什么根据？要说不像，你又有什么根据？"

冯友兰先生论断："评论这些画像像不像，也要有一定的标准，不能随便乱说。这个根据和标准，就是这些哲学家们用他们的思想和言论在后人的心中所塑造的形象。"

我常觉得艺术创作之成功，在于作品的构思、细节刻画的完美，同时，应该只是凝固了一瞬间的体会，以一种被理解、认可的结果传递了下来。

王宏喜的《孔子造像》作品正是如此。

《孔子问礼图》源于"孔子问道于老聃"的历史记载，是有文字依据的。"问道"，就是对真理的探索和追求。这两位古代的哲学家，在王宏喜的笔墨中，呈现在一个远古的特定历史场景里：一个是面带微笑，成竹在胸，仿佛已闻道；另一个是引颈恭听，好学不倦，仿佛在思索，再现了两个学派、两种思想的碰撞和激发，即春秋时代的思想交锋。他们是否真的曾经面对面？这至今还是一段生趣盎然的历史悬案，司马迁在《史记》中妙趣横生的记载，王宏喜作品中栩栩如生的形象刻画，都给观者留下不尽的思索……

妙笔生花，秦淮风光添佳笔

《秦淮八艳》画幅长8.6米，高1.82米。巨幅画中李香君、董小宛、柳如是、

王宏喜作品《秦淮八艳》（屏风）

顾横波、寇白门、马湘兰、卞玉京、陈圆圆,或抚琴、或作画、或轻歌、或曼舞,婀娜多姿,形态各异。她们有的依临魁光阁、得月台等古建筑,有的置身在名贵花卉丛中,形象鲜活、灵动,使人不觉陶醉其中……

1995年7月,经文化部批准的以弘扬爱国主义精神,激发和增强民族自信心、自豪感为宗旨的大型系列艺术活动——"95世界华人书画大展"正式向全球华人同胞推出后,海内外华人同胞热情响应,纷纷以书画作品讴歌祖国的强盛、人民的奋发、民族的豪迈……王宏喜和夫人潘宝珠精心构思,绘出一幅6尺的《天佑中华》,作品中圣观音庄重、肃穆,神态真切而虔诚,一轮光环之下,一手行礼,一手宝瓶在握。"天佑中华"四个大字题写在画的右上端,像是观音菩萨发自深心的祈祷。这不仅是王宏喜夫妇对伟大祖国的衷心祝愿,更画出了中华儿女的共同心愿。

1996年,组委会在北京人民大会堂举行隆重的颁奖大会,《天佑中华》获文化部颁发的"95世界华人书画大展"金奖。获奖作品在中国美术馆展出,赢得中外观众的一致好评。

此外,王宏喜作品《颜真卿造像》由南京鲁公祠收藏,作品《赤壁怀古》由中国驻日本东京大使馆收藏。

《老子出关图》兼容大美得神韵。老子的"澄怀观道"是对天地的解释,不直接介入俗世,十分超然,但是,老子道骨仙风的形象又是十分丰富与亲切的。

王宏喜常说:"中国画难画,难在将笔墨与道家之理和谐地融合在一起,合者精深博大,意气逸扬,感荡灵性。"

1996年8月,王宏喜创作由上海辞书出版社发行的《孙子兵法》画册中的36幅中国画插图。上海电信局也发行王宏喜作品《三十六计》电信套卡(电话纪念卡)。

王宏喜作品《世博功臣》用水墨讲述记忆,让绘画带着世博的时代步伐向我们迎面走来。作品带着水墨意境的笔法,勾勒出世博建设者神采飞扬、憨厚朴实的形象,加以"东方之冠"以及和平鸽为背景,凸显了那些在世博建设中付出辛劳和汗水的世博功臣心旷神怡的精神面貌,表达对他们的敬意和尊重。另一幅作品《小毛狗》描绘先驱者革命细节,用画笔留住历史丰碑。调皮的"小毛狗",不必问他的名字,那是因为他没有名字却又参加了革命。你看那件宽大的外套,战斗间隙他笑眯眯的神情,手里的那根狗尾巴草左右晃动逗着熟睡的战士,他们都因一个共同的主题"建立新中国"而成为眼前的画卷。

作为画家,生活中所见、所闻、所感,都可用笔墨、线条、色彩进行具象或

七、不忘初心，让作品说话 101

王宏喜作品《三十六计》电信套卡（电话纪念卡）

抽象的表现。中外历史上很多优秀的画家，对于自然界和生活中并不起眼的角落，也能在作品中进行不同维度的呈现。王宏喜在中国台湾地区访问、学术交流期间，游览市井街头，看到街头少女卖槟榔及听闻其故事后，创作出《槟榔西施》《魂归双溪》，作品反映中国台湾地区底层人生活和风土人情的一个侧面。

1996年8月16日，由上海文广集团、上海对外文化联谊会主办的"宝岛印象"展览会在上海市美术馆开幕展出，王宏喜的《槟榔西施》《魂归双溪》两幅作品参展。9—10月，由上海市文广局、上海对外文化联谊会组织对台文化交流代表团，"名家宝岛风情展"在台中市文化中心大敦艺廊展出，展出中国画《槟榔西施》《魂归双溪》，后又在台北孙中山纪念馆展出，展出后引起轰动，称赞声不绝。

1987年初春，王宏喜引经据典、大笔如椽完成笔下的三国人物"故事选"。这套画全长12米，高2米，分开是12幅，描绘了《三国演义》中的12个重要故事场景，有"桃园三结义""煮酒论英雄""三顾茅庐""官渡之战""单刀相会"等。如果把12幅画组合起来又是一组历史画卷，画面采用通景组合，气势连贯，场面浩大，反映了从三国

王宏喜作品《三国志》全本画册及人物绣像，由韩国首尔大学"创作与批评株式会社"出版发行

鼎立到三国归晋这前后近百年战争史。

王宏喜在创作中非常重视章法布局，基于写实，镂月裁云，以双勾为主，加泼墨、浅绛、淡彩，并采用散点透视、通景布局的手法，使整个画面浑然一体。画中人物形象有血有肉，个性鲜明，情景交融，栩栩如生。上海画报出版社决定将这套组画作为1988年挂历出版，受到读者众口一词的好评与喜爱。

艺术作品忠实于作者，作者不具备的，作品不会显示。每每赞赏之余，自然感叹王宏喜的传统优秀文化的素养，几十年对传统的研习，孜孜不倦，笔墨自然愈发老到，得心应手。

1999年，庆祝上海解放50周年美术作品展中，王宏喜作品《向海洋》受到一致好评。"生活是艺术家唯一取之不竭，用之不尽的源泉"，该作品再次证明了这一创作的真理。

王宏喜的画常常自觉或不自觉地透露出大海的气韵，这里，有宽阔无垠的浩气（《十八罗汉》），有斩风搏浪的豪气（《黄海风》），有奋斗的肃气（《东临碣石图》），有风和日丽般的柔气（《佛》），有五彩如画般的秀气（《黄海渔姑》），有处惊不变的静气（《单刀赴会》），更有激情浪漫的狂气（《八骏图》）……当这些气韵在画中张扬的时候，画便成为诗。所以，如果用"诗气"来概括王宏喜的画风，也许是最贴切的，这应当是中国画的最高境界之一。

所谓艺术，从来就是技艺与境界的完美结合。

宏观的文化视野、丰富的艺术修养和学术积淀，加上独特的生活感悟，一旦转化为艺术形象和笔墨语言，往往会迸发出常人难以企及的艺术之光。古代和近现代画史上，顾恺之、郭熙、董其昌、傅抱石等就是杰出代表。王宏喜便是当今中国人物画创作领域中的翘楚。

创作历史人物画

诗是灵魂深处的声音，好的诗句永远能打动人，无论什么时候你都可能猛然间遇见那美妙的情景。

孤独，在我眼中，是陈子昂的"前不见古人，后不见来者。念天地之悠悠，独怆然而涕下"，是纳兰性德的"谁念西风独自凉，萧萧黄叶闭疏窗，沉思往事立残阳"，是李白的"众鸟高飞尽，孤云独去闲"，是柳宗元的"孤舟蓑笠翁，独钓寒江雪"，是杜甫的"飘飘何所似，天地一沙鸥"……

在王宏喜画中出现的大多为名士骚客,丽姝淑媛。他的画中有着文人画的高雅之趣,却没有酸腐气息,他的新,既基于古,又离于古,异梦而同床,异象而同宗,真可谓是汉唐之风,当今之雨。

王宏喜的人物画如同钟嵘《诗品》中所说:"气之动物,物之感人,故摇荡性情,形诸舞咏。"他笔下的秦始皇、老子、孔子、屈原、李白、杜甫、苏东坡、辛弃疾、王国维等历代圣贤雅士形象留在了观者的心中,留在了中国美术史传承与创新发展中……

历来的艺术大家,没有一个是靠否定前人来抬高自己的,他们都是通过辛勤的探索,最终拿出了有别于前人的艺术圣果,从而在艺术圣殿占据一席之地。

《香山九老图》是历代书画名家的常用题材,讲的是唐武宗会昌五年(845),白居易、胡杲、张浑、卢贞、刘贞、吉旼、李元爽、释如满、郑据等九位年事已高的名士,在洛阳举世闻名的与龙门石窟、伊水相望的香山白居易居处雅集,作诗、绘画、谈禅、论道,一时风雅令人慕之。

王宏喜从小储存在头脑中的名人诗词、典故被激活。隔着时光隧道,一种天然的血脉相通的传承使得画家与前人无声无息然而酣畅淋漓地交流、对话,使得宣纸上的人物一个个呼之欲出。

《香山九老图》一改前人常用的山林亭台等衬托背景,采用继承与创新的艺术方法,将九老与七童仆众多人物突出集中在有限的空间里,有的在聚精会神地下棋,有的在举目远眺,九老有的在欣赏画作,有的在捧卷凝思,五位侍童、两位幼童嬉闹帮忙,有男有女,刚柔相济,使整个画面活泼、灵动,将人物的形态十分传神地画出,充分体现了画家除了具备审美创造的感受因素外,更具备了相当娴熟的绘画技巧和传统的笔墨功底。此图构图安排紧凑得当,严谨而有变化,

王宏喜作品《香山九老图》

加上在画面上方的空白处用他擅长的行草书长跋题记，上下呼应，生动、丰满起来，凸现出作品的精神内涵。

《香山九老图》笔墨采用的是传统的写意方法。王宏喜把书法的法则运用在人物描绘上，线条挺健流畅，刚中有柔，润中带干，有的大块留白，有的大笔渲染，笔与笔之间的浓淡与空白非常自然，笔法可以说是入木三分，承继了四个意——意象、意念、意趣、意境的理法观，表现出画家的深厚功力。整个画面使人感受到飘然脱俗的形象和秀润雅致的意境，不失为大家手笔，为中国人物画创作注入民族气派。

王宏喜说："线迹之美，是画家对物象抽象美的高度概括，力道挺劲，均匀如春蚕吐丝，并能游刃有余，这才是线条追求的美感目标。作为一个现代的中国画家，你只有在前人的基础上去创新去突破，你的艺术作品才会有生命力。"

正如吴湖帆先生明确主张："人之好坏在性情之中，画之好坏即在笔墨之内。"

王宏喜对中国画笔墨的研究是极认真的，下了很大的功夫。

难怪古人云：画，心画也。信然！

江苏国画院副院长、著名国画大师亚明先生称赞王宏喜时说："王宏喜创作了大量反映海港渔民生活以及取材于古典诗词、历史文人和佛教题材的作品，视野很广，笔路很宽，作品富于时代感，蜚声海内外，日本大阪有专门陈列他作品的书画寺。在对外文化艺术交流和群众美术工作中，同样成绩卓著，多次受到国内外嘉奖。

"宏喜以人物画为主，兼攻山水、诗、书、印，有比较全面的艺术修养。由于他长期在美学、哲学、中国画论中浸淫领悟，勤于笔墨实践，北方的生活底蕴，南方的创作氛围，形成了笔墨恣放、清幽高古、恬静淡雅的艺术风格，经常深入生活，作品生活气息很浓。长于巨制，善于长题，笔墨语言注重文学内涵及回归自然的人文精神，带有明显的唯美主义色彩，画面可观可读、可游可居，雅俗共赏。既守住了传统文人画的中国之根、中国之理，又将笔墨结合现代审美意识，注入鲜明的时代感。"

列夫·托尔斯泰认为：艺术就是人类情感交流，将自己的情感体验，用某种载体（声音、文字、图像）传达给别人，使别人也能感受到相同的情感体验。

王宏喜的作品不仅使他自己获得了艺术快感，而且也陶冶了欣赏者的情操，给他们带来了审美愉悦。

八

书籍插图与连环画艺术

  艺术作品的特征归纳为典型性、情感性、形象性、创造性。

  艺术不以抽象的逻辑思维进行科学说明和论证，而是通过具体可感的形象去反映生活和表现艺术家的审美意识。艺术离不开形象，离不开具体、生动、可感的人物，以及景物、场面、情状等。

王宏喜早年先后为《海港游》《田园春秋》《中药疗效谈》等图书创作插图100余幅，为省级以上的科技报纸、杂志画封面插图200余幅。组画《海盐的由来》把海盐产生的来龙去脉，用形象表现出来，参加全国展览，崭露头角。他笔下的人物造型，歌颂日新月异的伟大祖国及建设、乡情、乡恋、乡思，视野很广，笔路很宽，将中国美学意境的虚实相生、动静相应和写意渲染等要素糅合在作品中，呈现出时代精神与艺术创新的完美结合，广受好评，并且获得了不少奖项。

　　关于雨水在中国画创作中的呈现，历代不少画家都曾作探索。相比之下，纷纷扬扬看得见的白雪，描绘起来还是有参照物，有想象，但雨水无形无色，需借助他物呈现其气质和样态。不管是细雨还是暴雨，对于绘画技术的表现力来讲，都是相当大的考验。

　　王宏喜在为《走近国学大师——苏渊雷评传》一书创作插图时，阅读了《苏渊雷全集》，了解和感悟苏渊雷先生日后成为大师，与其幼时所受到的良好家庭环境的熏陶、好学深思极有关系，创作了苏渊雷先生少年读书的场景。

　　《风雨书声》取风雨场景，栩栩如生，曲尽其妙。画面中再现了春寒料峭、滂沱大雨，苏渊雷先生少年时夜以继日、好学深思、博览群书的读书情景。

　　王宏喜在谈到此幅画创作时说："在中国近现代著名画家中，傅抱石是描绘雨景的高手。抗战期间，他居住内地四川时创作的《巴山夜雨》可谓力作，了不起。"王宏喜又进一步详解："画中采用对角线构图法，用湿笔扫墨，下部为浓墨涂擦的山，左上方是用淡墨写成的天空。该画'风中雨中纷乱摇摆的枝叶以及若隐若现的山居人家，令原本难写其形的风雨，有了可感可触的模样'。"

　　王宏喜的《风雨书声》的创作，学习和吸取了傅抱石描绘雨景"借势"的创作手法，

王宏喜作品《风雨书声》

也令原本难写其形的风雨有了可感可触的模样,从而受到业界人士的肯定与赞扬。

苏渊雷先生于 1926 年 12 月正式转正为中国共产党党员,参加温州独立支部工作。1927 年 4 月 12 日,蒋介石背叛革命,在全国实行清党大屠杀,4 月 15 日苏渊雷先生被捕,先后受伪"清党委员会""特种刑事法庭"审讯,被判刑 19 年。

《易学会通》著于 1933 年杭州国民党陆军监狱中,是苏渊雷先生的第一部学术性专著,分上下两编。上编《绪论》,旨在考订历史,辨别真伪,择善而从,发明心要,介绍了《周易》的作者、《周易》之名义、易学之派、解蔽、读《易》界说、八卦释义、天人演化论等;下篇研究探讨了论生、论感、论变、论反、论成、论时、论中、论通、论进、论忧患的《周易》的哲学思想,极为系统。

王宏喜的插图《狱中著书》尺幅千里、力透纸背。画面中浓缩再现了苏渊雷先生在狱中孑然一身写作时的情景。

另外,苏渊雷先生在 1936 年经好友游于默先生介绍,赴南京内学院听佛学大师欧阳竟无(1871—1944 年)开讲儒佛概论、唯识抉择谈,探梵方之绝学,阐孔氏之真传,收获匪浅。苏渊雷先生日后成为佛学大师,与其早年受益于欧阳竟无和太虚法师的熏习启迪极有关系。

苏渊雷先生曾在文中回忆起求学、探究佛法时写道:"前辈学者,盖自宋平子、章太炎两先生外,生平受益之深,以大师为最。"他曾深情地写下:

八、书籍插图与连环画艺术　　109

王宏喜作品《狱中著书》

法相唯识，涅槃无余，千祀独探圣秘。

内外两明，佛儒通贯，一时最为老师。

据此，王宏喜创作插图《佛学探究》，作品构思卓尔不群。画面中背倚金陵绿水青山，水光云影，欧阳竟无大师仙风道骨、气宇轩昂，远处仙鹤飞舞，近则书童侍奉，艺术地再现了苏渊雷先生负笈从师、手不释卷、执经问难、探究佛学时的情景。

王宏喜作品《佛学探究》

王宏喜作品《参谒太虚》

　　苏渊雷先生1941年在重庆北碚期间，曾上缙云寺拜访太虚法师，将所撰诗呈教于师。抗战胜利后苏渊雷先生自渝返沪，莅玉佛寺，时与太虚法师探究人间佛教精义，相得益彰。苏渊雷先生与融贯新学的太虚法师，师生情意至深。

　　王宏喜的插图《参谒太虚》，构思匠心独运，画面中再现了太虚法师德厚流光，苏渊雷先生探赜索隐，结忘年交，促膝谈心时的情景。

　　1943年11月5日，苏渊雷先生创办的黄中出版社、钵水斋在重庆北碚文化区开张。"钵水斋"是苏渊雷先生的书斋名，1941年他在重庆北碚期间，曾上缙云寺

王宏喜作品《雅集钵水斋》

王宏喜作品《临江赋诗》

参谒太虚法师后以"钵水泓然，一针到底"之佛教典故而取"钵水"为其斋名。苏渊雷先生以"钵水投针"精神自励，自号"钵水居士""钵翁"，后著述亦多以此名。是时"钵水斋"成为苏渊雷先生以文会友、结纳中外名流、学术研讨的重要场所。

王宏喜创作的插图《雅集钵水斋》，构思取精用弘，左右采获，画面中艺术地再现了"书林坐隐，广结胜缘，一时流寓诸公，颇不以寒斋简陋见外，文史优游，声气相通"，"世始知寒斋闹市，隐为陪都文化中心焉"的情景。

苏渊雷先生一生阅历丰富，诗中既记行藏遭际，亦自述其心路历程，忧民忧国更咏及国事与天下事。他是一位诗人，又是一位历史学家。其身之所历、目之所睹、心之所思、情之所感，都在诗中表现出来，真可谓今之诗史，

王宏喜创作的插图《临江赋诗》，涉笔成趣、妙笔生花。画面中"诗中有画，画中有诗"，生动地再现了苏渊雷先生晚年在江苏镇江金山寺临江赋诗的情景。

王宏喜不仅创作了大量的图书插图，而且创作了丰富多彩的连环画。

连环画艺术可谓中华优秀传统文化的一座宝库。连环画有着自己独特的艺术魅力。这种魅力一来在于它精良的画面将白描、工笔重彩、水墨等中国传统绘画技法淋漓尽致地保留下来，并吸收了西方写实绘画的经验；二来在于它厚实、富于文学性的故事大都来源于民间传说、历史故事、文学名著。

中华人民共和国成立后的40来年间，连环画创作的表现形式曾得到极大的发展。传统线描、工笔重彩、素描、水墨、水彩、油画、毛笔、铅笔、钢笔、木刻等多种表现形式与工具材料都在绘画中得以运用，涌现出一大批异彩纷呈的优秀作品。

王宏喜连环画作品《白毛女》和《海盐由来》

英国艺术史学家迈克尔·苏立文曾评说："中国绘画技巧最出色地表现在书籍与连环画中。"在连环画的黄金年代，连环画占据全国出版物的三分之一，连环画领域走出的大画家不计其数。其中，上海在新中国连环画史上尤其占据重要地位，仅上海人民美术出版社当时就聚集了一大批连环画家。当今活跃在画坛的有影响的绘画大家，早年也与连环画有过深厚的渊源。

说起王宏喜是当代人物画大家，海上书画界尽人皆知。但说起王宏喜也是一位杰出的连环画画家，知道的人也许就不多了。从20世纪60年代初起，他进入上海人民美术出版社后开始创作连环画，任连环画创作室古装组组长。王宏喜尤擅历史人文、典故题材。王宏喜连环画作品有《白毛女》《春风杨柳万千条》《海燕》《州官放火》《其貌不扬》《赤壁大战》等，其中《白毛女》是后期"'文革'经典美术"中的代表作品，广受读者欢迎，他的连环画创作在海派绘画史上占有不可或缺的地位。从王宏喜在20世纪50—70年代创作的连环画中，我们能清楚地看出王宏喜连环画创作的艺术轨迹。

上海新连环画奠基人、老一辈出版人黎鲁先生，1938年加入中国共产党，在"反右"运动后却受到不公正待遇，被迫离开领导岗位，做一位默默无闻的编辑，"文革"期间，历尽坎坷。黎鲁先生晚年在上海画报出版社出版的《连坛回首录》一书中回忆当年"五七干校"画"三国"的往事时这样写道：

"三国组"组长王宏喜,是"文革"前夕从南京艺术学院分配到上海人美社的毕业生,贫雇农出身、党员,"文革"初期积极活跃,能画一手好画。他对组里的老编辑都相处得好。1972年8月一次台风特大,东海滨五七干校的草蓬屋被吹得簌簌作抖,不是屋顶漏水,就是竹篱门裂开。王宏喜以他高大的身躯,拿着几根大毛竹东撑西撑,爬上爬下,把吹散的漏洞一一修补。

……到了这年年底,王宏喜也不知是否已向上面谈过,他竟下令全组回上海(据说好像是他自己做主),于是几乎过了"老四冬"的我们也便突然结束了干校生涯。

到了上海不久……我已无事可做。恰恰这时,王宏喜和几个画画的同志便一致欢迎我参加画《赤壁之战》。这是我进入美术出版岗位25年来梦寐以求的"美差",如今竟轻易获得。当时杨道敏碰到我,就说:"哈哈!终归达到你目的了吧。"

我殚精竭虑,用了一段时间设计人物造型,特别是周瑜,避免和叶盛兰雷同。王宏喜看了我的造型立即通过并特别称赞。1973年春天他调到江苏连云港,后来当上该地美协主席。不知怎样我这个没有"解放"的人物居然代理了画"三国组"的负责人……

从文中叙述回忆当年同事合作创作作品往事中,可看出黎鲁先生对王宏喜的绘画才能和患难相扶的人品是赞许与认同的。

2000年针对社会极少数人丧失人格,吸毒,直至家毁人亡,对社会造成不良影响的悲剧,为警醒和制止这些违法、不良行为,王宏喜精心构思创作了连环画《毒品毁灭了一个幸福家庭》,画中人物鲜活,形象地传达出"远离毒品,珍爱生命"的正确人生观。作品刊登在《上海文化报》上,受到广大读者的称赞。

王宏喜每部连环画创作中都力求有一种新的绘画形式,有炭笔画法、有水墨画画法、有线描画法,经常要画数十张不同的构图。这样的锻炼,使他在国画(人物画)创作时的构图也能做到随心所欲,笔到意到。这些作品除了艺术熏陶之外,几乎成了促进知识传播与提高道德修养的表率。近年来,王宏喜的连环画作品已经成为连环画收藏领域炙手可热的品种。

连环画是真正的大众艺术。这不仅仅是指一页页翻看"小人书"的经历是几代人温暖的童年记忆,也同样指当年一大批连环画家所获得的广泛的社会影响力——当时,

王宏喜连环画作品《毒品毁灭了一个幸福家庭》

几乎所有重要画家都曾参与连环画的创作。

画家顾炳鑫绘《渡江侦察记》，选择了与真实历史格外相应的写实风格——用铅笔素描以黑白灰构成丰富的层次的方式完成，在刻画人物、渲染气氛和追求真实感方面无不具有独到的优势，当年汤晓丹导演拍摄电影《渡江侦察记》时，就是根据连环画的人物形象来挑选演员的。

贺友直用白描创作的《山乡巨变》以素雅的线条、生动的人物刻画和场景布局，恰如其分地诠释出南方农村的清新秀润，传递出深邃的意境，被誉为中国连环画史上具有划时代意义的作品。

赵宏本、钱笑呆合作创作的《孙悟空三打白骨精》，用白描线条将神话与现实结合起来，画出孙悟空的嫉恶如仇，唐僧的不辨是非，白骨精的美艳狡诈……享誉中外。以后的舞台戏剧、电影均是参照两位画家绘画原型出演。

锲而不舍或许可以说是人生能够办成几件实事的要诀之一。王宏喜说："我记得从20世纪60年初期，我选定了学习、钻研中国画人物。近60余年来，我的学习指向始终沿着这个方向，从未动摇和转移，像锥子一样，数十年紧紧锥住它。早年在南京艺术学院求学期间，我主持过学术研讨会，这些学术活动教我怎样探索未知。在上海人民美术出版社创作连环画期间，也给我提供了锻炼创造性思维的良好机会。"

画家林风眠曾把艺术家比作蝴蝶。他说："起初，它是一条蠕动的毛虫。为了能飞起来，它先结一个茧，把自己禁闭在内化作蛹而彻底变形。最终，也是最重要的就是，它得从茧中挣脱出来，才能自由地翱翔于空中。茧子即是艺术家早期必须刻苦学习的技法和接受的教育。"

任何不断地进行探索，不断地记住探索的结果，不断地寻找未知事物答案的人，都会实现最初理想的。王宏喜就是其中的一个。可以说，是连环画创作滋养了他日后的艺术创作。

九

老骥伏枥，再登创作高峰

热爱人生，热爱事业，热爱祖国，热爱大自然的山山水水，可以使人充满希望，使人活得快乐，活得有滋有味。世界是精彩的、美好的，热爱它的人才能感到希望。热爱生活的人才能由衷地赞叹：世界真好！人生真好！

在知识的山峰上登得越高，眼前展现的景色就越壮阔。

从传统神话看中华文化。

神话来自没有文字的时代，来自史前时代。世界文学史的惯例，都是从神话开始讲述的。

神话虽然不属于文学，但神话是文、史、哲、政治、宗教乃至一切人文学科的共同源头。

遵从内心，意在笔先，作品必然真实动人。

王宏喜画画之前，心有涌动，一番去粗取精，在多年刻苦求知钻研及在岁月中不断的知识积累中挖掘，怀有对传统文化的尊崇，选出有传说、有思想、有影响的历史人物及事件作为作品创作的构思资料，以超卓的天分超越大批同侪，树立了自己独树一帜且足比肩先贤的风格，令佛教画像在现代旧貌换新颜。

罗汉是阿罗汉的简称，佛陀得道弟子修证的最高果位，堪受诸人天尊敬养，自民间就有"十六罗汉""十八罗汉""五百罗汉"之说。

应中国佛教协会副会长、上海玉佛禅寺方丈觉醒大和尚多次之邀，王宏喜用两年时间创作了长150米、高0.7米、由110张四尺宣纸联缀而成的《五百罗汉图》人物画长卷，该长卷被赞誉为上海玉佛禅寺的"镇寺之宝"。

人们做的事往往相似，做的梦却千差万别，也许在梦中藏着每一个人的更独特也更丰富的自我。在一定意义上，艺术家是一种梦与事不分的人，做事仍像在做梦，所以做出了独一无二的事。王宏喜喜欢做梦，特别是有创作灵感时，晚上在床上也会似醒似梦自我对话，在创作《五百罗汉图》时尤其这样，其投入之深已到痴迷程度。

王宏喜的佛教造像，更把人性的美德融入神仙佛陀，使崇信者在敬畏之余还增添了无比的亲切感，令人不得不叹服王宏喜对佛教文化的精深领悟和水墨小写意人物画技法的娴熟把握。画中泼墨浓彩、满纸生辉，超凡脱俗的清气扑面而来，那活生生的500罗汉，200侍人、稚童以及飞龙、大象、凤凰、仙鹤、猛虎、骏马、骆驼、游鱼、犬、鹿、牛等共生共享在江海山川、乡间市井之间，演绎着一出出太平盛世的欢乐戏文来……

切断生活的烦琐，走进心灵的隧道，人物形象、大好河山就会摇曳生姿。遵从内心，溪流涓涓，结构必然自然流淌。王宏喜构思设计那些活生生的"五百罗汉"，生活在四季更迭的秀丽山川及乡街市井的人间中，各怀思想、各怀所长、各怀兴味，不同形貌特征和精神气质的罗汉与诸多日常生活场景，是如此的传神、生动，充满了市俗生活情趣，又似乎向人们诉说着什么。王宏喜从宗教和历史的视角切入，展开了天下百姓和谐、生动、有趣的生活画卷。《五百罗汉图》捕捉天下凡人生活的亮点，有血有肉，万千情愫聚于一端，又散发各处，看后让人欲罢不能。

要想作品富有表现力，遵从内心乃是必然。画之时，倘若心向所写，一点生发，浮想联翩，那么万物灵犀相通，彼此俯仰生姿，交相辉映。《五百罗汉图》正是旧中出新，新而有根。王宏喜的画中众多人物样貌各异，姿态上没有一个是重复的，其丰富的人物形象让整个画面生动不已。

王宏喜不无兴奋地告诉我："我画的500罗汉，他们的形象是和蔼可亲的，

王宏喜作品《五百罗汉图》（局部）

王宏喜作品《五百罗汉图》局部

完完全全是现实中的百姓众生相。那些工人、农民、读书人，在打坐、练功、吟诗、弹琴、论道、捕鱼、砍柴、挑水、烧饭、泡茶、剃头、修脚……有滋有味地过着无忧无虑的平和生活。我要告诉人们，罗汉并不神秘，只要潜心修行，人人都能修成正果。"接着又说道："就是犯过错误的人，只要'放下屠刀'也能'立地成佛'。"

是的，那样清明的世界该是多美好！这就是具有强烈人文意识的王宏喜精心构思绘制鸿篇巨制所追求的精神境界。

书画家、美术评论家恽甫铭先生在《新民晚报》刊文评论时，对王宏喜《五百罗汉图》长卷的结尾的构思设计叹服赞许，文中写道：

在长卷的结尾，王宏喜别具匠心地设计了人们耳熟能详的故事——十八罗汉拜观音：南海洋面上，细浪轻轻，旗幡飘飘，鼓乐阵阵，曾经叱咤风云的降龙、伏虎、托塔、举钵、坐鹿、骑象诸罗汉，与喜庆、静坐、过江、笑狮、开心、探手、挖耳、沉思、布袋、芭蕉、长眉、看门等罗汉一起，高举幡旗，吹奏唢呐、笙管，乘风破浪，虔诚而愉快地拜谒观自在菩萨，共贺众生修成正果之喜。那是一幅多么喜庆的大结局啊！博大精深的佛教文化和人世沧桑的崇高理想，在这里实现了完美的契合。

此言一语道破,确切也。

王宏喜创作的《五百罗汉图》长卷,既前无古人,也令今人难以超越,这并非一蹴而就,而是他遵从内心,日积月累,一以贯之弘扬中华优秀传统文化的结果。

上海玉佛禅寺为王宏喜创作的《五百罗汉图》精装画册出版召开首发式,并展览《五百罗汉图》长卷。北京荣宝斋出版"荣宝斋画谱"之《王宏喜绘五百罗汉图(人物部分)》。

2014年,王宏喜创作《百年钩沉》。王宏喜以一位海派绘画传人的历史责任感,以"图像证史"的自觉,创作了一幅以海派艺术家群像(画面上有海派代表性的艺术家41人)为主题的人物画长卷,该画长6.55米,高1.43米,画中时间跨度为1843年(上海开埠)至1949年。王宏喜对历史和现实的深刻领悟及理解使他具有宏大而深沉的历史文化观念。

《百年钩沉》作品的用线和用墨极其精妙,人物的形态十分传神。作品中把墨分五色的特点极好地表现出来,不仅体现出深厚的白描和笔墨功力,而且把素描手法不落形迹地融于其中,重视构图中人物姿态位置的错落变化以及背景环境的描绘,体现出海派艺术的特点,兼具北派人物画的优点。

王宏喜之所以能画出任伯年、吴昌硕、张大千、刘海粟、吴湖帆、潘天寿、陆俨少、林风眠等艺术大师的非凡神采,不仅是因为他曾受画面中的很多大师的亲炙,而且他长期对这些大师的心追手摹、深刻研究。王宏喜以这种方式表达对这些大师的礼

王宏喜作品《百年钩沉》(局部)

九、老骥伏枥,再等登创作高峰 121

王宏喜作品《百年钩沉》(局部)

王宏喜作品《百年钩沉》(局部)

赞，体现出他作为海派人物画传人，要继承这些大师的薪火，并与时俱进地进行创新的执着追求，这使王宏喜的作品不仅具有文人画和学者画的基因，并且超越这两者，达到了再现历史的高度。

《经济展望》刊登介绍王宏喜《百年钩沉》巨作的评论，称其"是一件美术史意义上的学术精品"，是对百余年的海派美术史，也就是近现代中国美术史的半壁江山做了总结。

海派绘画是近现代中国美术史上独具创新性、成就辉煌的中国画流派，也是海派文化的显著成就。显然，当艺术与美变成一个城市所有人共同的文化认知和生活态度时，一个美学之城、创意之城就会不期而至，进而成为城市共同的文化记忆。

"中国画是心灵的艺术，感觉的艺术，是语言表达不出的艺术。"画如其人，从一个人的画可以看出其性格修养，知道其是扎实的，还是哗众取宠或随大流赶时髦的，画家的个性就在其画作中。今日王宏喜的绘画艺术上正日臻炉火纯青的境地，不难想见，王宏喜在卓成大家的艺术高山上，一定会跃上一个新的巅峰！

王宏喜作品《东坡品茗图》

十

谈古说今，书画同源

知识不是某种完备无缺、纯净无瑕、僵死不变的东西。它永远在创新，永远在前进。知识本身永远处在不断创新发展的过程之中。

人生应当不断不懈地探索新知识、增加新知识，生活才有意义。

独特精深，妙造自然。中国书法艺术是以汉字的书写为载体的，是中华民族创造的一种独特的艺术形式。它是一种古老的艺术形式，其发生和发展已有几千年的历史。历史，在文化的进程中得以发展；文化，在历史的发展中常遭毁灭。然而，历史的重现性又往往会还原文化的真相性。2017年2月在上海举办的"大美中山篆"专题讲座中专家学者认为：中山铭文的出土再现，堪称是中国古文化历史再现的一个奇迹，是丰富书坛的一个里程碑。

中山篆对当时的大小篆发展具有深刻的历史影响。其书风体形修长，横竖之比为1∶2，线条纤细，中段粗两端细，书体杂糅金文、大篆显出独特的风格，这是中山篆字体所具有的丰富性一面。赞叹，修长精练、惟妙惟肖的笔画；惊叹，劲健秀美、运刀娴熟的镌刻；感叹，纤细妩媚、横竖独特的字体。我们对中华文明的又一文化丰碑予以虔诚膜拜，因为它给令人仰视，令人震撼，它让文化得以丰富，追随者渐旺。

沈尹默说："世人公认中国书法是最高艺术，就是因为它能显出惊人的奇迹，无色而具图画的灿烂，无声而有音乐的和谐，引人欣赏，心畅神怡。"

书法艺术的最高要求是通过字形来看神采。王僧虔所说的"神采为上，形质次之"就是这个意思。唐代的张怀瓘甚至认为："深识书者，惟观神采，不见字形。"宋代书法家蔡襄也说过类似的话，如"学书之要，唯取神气为佳。若模象体势，虽形似而无精神，乃不知书者所为耳"。

书法和篆刻是两种关系十分密切的艺术形式，两者常常联系在一起，通称为"书法篆刻"。它们具有十分悠久的发展历史和非常独特的表现形式，并同许多艺术形式一样，具有很强的艺术魅力和十分广泛的群众基础。从国际范围来说，它们是中

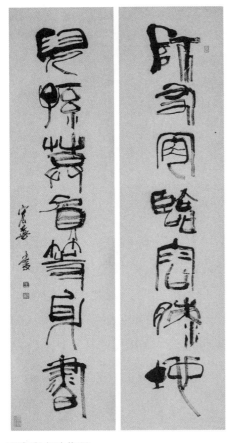

王宏喜书法作品

国及受中国影响的几个亚洲国家所特有的一种艺术形式。就其本质来说，它们又是一种表现手法很抽象、内容很精深、层次很高的艺术形式。

　　书法在中国古代既有很强的实用性，又是高雅的艺术形式，而且与其他艺术形式特别是中国画相互影响、相互渗透，紧密结合在一起，构成中国古代艺术的重要门类。书法的形成本以作为象形文字的汉字为基础，而当它们成为艺术形式之后，又可以脱离汉字的文字内容而变成一种十分抽象的美感形式，艺术家通过线条的起伏宛转和扬抑顿挫来表现自己的思想感情。书法是以中国为主的汉字文化圈所特有的美感表现形式，这种美感形式的突出特征在于它的抽象性，它注重表现而不重再现，其中蕴藏着丰富的美学内涵。书法在中国古代不仅仅是一种艺术形式，它同时又是文人士大夫陶冶性情、修心养性、寄托怀抱、品味生命的重要形式，因而其中蕴含着深刻的文化意义。

　　王宏喜认为，书法在中国是一种独特的艺术。它的线条勾画之美，正表现了伟大的中国人民的美术天才。它在世界上是可以与希腊雕刻媲美的艺术高峰。绘画中对形的把玩早已超出了物理形态的概念，而进入到书法的抽象美意境之中，写实的造型与抽象的意趣在其中相辅相成，他认为这就是东方精神。世界上只有文化与艺术才是一个民族和国家真正的实力展示，才是一个社会文明程度的试金石。

　　中国绘画通常被称为中国画。中国画是约定俗成的、以国家称谓命名绘画品类的画种。陈绶祥先生在《有形史诗——中国绘画》一文中写道："同时，中国画也是世所公认的较难理解的绘画之一。特殊的工具材料、自成体系的技巧手法、颇具哲理的绘画理论、相对集中的绘画题材、牢固稳定的基本面貌等特征难以理解，而更难理解的是，为什么这样形态的绘画会长期作为中华文化中层次较高的艺术备受青睐，成为中华文化中最具有东方气质的代表门类之一。"王宏喜赞同道："与其说中国画在一定意义上代表了中华文化的某个方面，还不如说中华文化创造培育了中国绘画，使其在更多方面适应了中华文化的发展。因此，对中国画的认识是对中华文化特有认识的捷径之一。"

王宏喜认为：东晋画家顾恺之是为中国绘画独立发展做出巨大贡献的人物。

王宏喜作品《亲情》

他在实践中始终贯彻并在理论上总结提出来的"悟对之通神""迁想妙得"等绘画理论，至今仍是中国画的指导纲要，并为中国的许多艺术门类所借鉴。"传神论"的提出，使绘画观念获得了一次巨大的发展。画中要描绘的不再以实体的形态作为唯一参照，而要以实体对象的精神作为参照，对形态的描绘是为了传达神情而进行的，也就是必须要"以形写神"。这个"形"不再是"像不像"的那个"形"，而是绘画表现中需要不需要、应该不应该有的那个"形"。这样，画家不再被实体所局限和拘泥，而要从画面创作的需要去创造形象，"造型"获得了真正的独立。

王宏喜认为：魏晋南北朝是中国绘画理论体系建立的时代。南北朝时期，著名画家和理论家谢赫首次在其著作《画品》中提出"六法"，标志了中国绘画理论体系的独立形成。谢赫的"六法"总结提出了绘画创作活动与欣赏活动中创作要求和评定准则的六个方面，即气韵生动，骨法用笔，应物象形，随类赋彩，经营位置，传移模写。"六法"注意了总体构思、技法规则、造型要求、画面布置、学习临摹诸多方面的问题，构成了一个完整而有联系的理论框架，树立了绘画的艺术准则，对中国画的传承与发展贡献很大。

王宏喜认为中国画是有形史诗。绘画是人类最普遍的艺术活动。在人类社会发展中，由于地域不同、种族不同与生存方式的不同，进而产生了不同种类、不同风格、不同流派、不同个性的绘画。中国画的成熟，表现在其绘画理论的系统形成与独立完善上。后来中国画能保持住特殊的面貌并独立地发展下去，也与这个理论体系的形成与完善有直接的关联。

文学参与历史记忆的塑造，保留了历史的潜流，也当保留历史这一巨大幕布背后的生命常道，那是洪流浩荡之后的沉积，是指向人类心灵历史洪流的艺术明证。文学永远是鲜活的人的历史，有肢体细节，有体温变化，更有激情荡漾，因此文学史也应是丰润饱满的。

一个人为什么要博学？孔子一再告诉我们，学习的目的，四个字而已：学则不固。学来学去，只是为了让自己不固执而已。看到"学则不固"，我们还要想到另一句与它

王宏喜作品《钟馗嫁妹图》

相反相成的话，叫做学以穷理。我们一方面是通过学习让自己不固执，另一方面还要有执着于学的态度，追寻真理。一个人学习，不能学到固执的地步，要很广博地去学习，才能融会贯通，学以致用。

我们是拥有《易经》的民族，我们脑海里面要始终记得一句话：一阴一阳之谓道，这是中华文化的基础。

"一个国家、一个民族的强盛，总是以文化兴盛为支撑的，中华民族伟大复兴要以中华文化发展繁荣为条件。"实践在发展，时代在变化，对传统文化光"照着讲"是不行的，更重要的是要"接着讲"，讲出时代的新意来。

宋代是人类历史上更早的文艺复兴。

直至今日，在许多人的印象中，"弱宋"二字似乎是把这个武功不及汉唐的朝代给盖棺定论了。人们仿佛不记得国学大师陈寅恪先生对宋代有过这样的评价："（中华）民族之文化，历数千载之演进，而造极于赵宋之世。"的确，回望历史，宋代的科技无疑居于当时世界的最前列。震惊世界的三大发明——火药、活字印刷和指南针，就诞生于这一时期。宋代也是我国传统文化发展的一个巅峰时代，哲学、伦理、教育、科学、文学、艺术、医学、工艺可谓是百花齐放。

欧洲文艺复兴时期大概是 170 年，而宋代有 300 年。如果我们把宋代跟意大利以及整个欧洲那个时期的文艺复兴来作比较，我们能够看到一些共同性。

宋代画作《茂林远岫图》，"夫气象萧疏，烟林清旷，毫锋颖脱，墨法精微者，营丘之制也"，完全可以媲美文艺复兴时期的艺术创作。王宏喜认为在历史底蕴深厚之处便会深耕文化。文人画就是从宋代后期开始兴盛起来的，他们的画作常常需要你理解艺术家本人作为一个官员、作为一个孩子的心境。这是非常当代的思维。文人画一开始就是写意，不写实，这两个简单的词就足以总结中国传统书画的精髓。

王宏喜说："中国画所追求的笔、墨、气、韵、意、趣、神、势、情、境等各种特殊审美范畴应当成为中国画所体现的中华文化精神。"王宏喜对画理、画法有自己的理解和感悟，认为"作画必先明画理，其运笔又与书法同，当自有法始而后至于无法"，赞同近代画家李霞先生所说的"窃意专攻写意，恐流粗率；专攻线纹，恐失拘牵。乃复潜心李笠翁、东瀛泷和亭各种描法，得领略其梗概，工写互参，以鸡毛颖为用"。王宏喜还认为国画重笔法精神，西法尚透视写生，时趋不同，各有见长，其得力处，总不外苍老流畅。这些见解广取博采，融会中西，始终贯穿于他的创作实践中。

王宏喜认为：画山水，要一笔画到底，把墨全部画完，中间不要再去蘸墨，这样干湿结合，使墨色富有变化，可以让画面层次丰富，有趣味。或空间留白，或浓墨轻飘，或层层渲染，不惜多次复加，干净飘逸，浑厚滋润。要将特定景物表现出来，为呈现画中的意境及气韵而服务。

说起山水画，王宏喜说真山真水不都是美的，人们都说江山如画而不说画如江山，就是这个意思。三峡美是美，然而还得剪裁才能入画。

苏渊雷先生在《中国画题款艺术》一文中说过，钟鼎之有款识，绘画之有题跋，由来已久。蔡邕"三美"，郑虔"三绝"，集诗文、书法、绘画于一体，正是东方

王宏喜作品《山水》

艺术有机联系的独特风格，迥出于世界艺苑之林。此言语确切也！

王宏喜认为：如果整幅画面并未完整交代某些内容，落款成为不能忽视之重点，要以一些文字来进行说明，若画面已明，则只需点缀题目即可。题跋用以补充画面不足，虚实兼顾，相得益彰，达到形式与内容的错综葛藤之美。

书写完毕，题款钤印时王宏喜甚是谨慎，他要考虑题款如何同正文呼应，取得和谐、统一的整体艺术效果，同时，也要让印章起到平衡画面的调节作用，并呈现"画龙点睛"之美。体悟、历练、修养，是学习书法艺术不可或缺的。

"一幅作品画好后，我在作题跋时，字不妄下，取其简要概括，辄题数行，两者成为有血有肉的组成部分，使览者心驰画外。"王宏喜如是说。

在中国传统文化中，古典诗词是最光彩夺目并足以傲视世界的瑰宝，中国也因此被称为"诗的国度""诗的民族"。千百年来，诗歌的传统和精神已经深深植入中国人的血脉骨髓之中，作为中国文化的审美要素及东方艺术的综合基因，书画与诗文是互为作用、相得益彰的，构成了中国书画的文化内核和精神谱系。这不仅是单纯地表现在画面上需要诗文题跋，更是在整个创作过程及笔墨挥洒中，体现出一种诗意的烛照。"根本固者，华实必茂；源流深者，光澜必章。"文化自信正在为实现中华民族伟大复兴，提供源源不断的强大精神动力。

王宏喜画作的风格正是体现了中国传统儒家精神的典雅、中正。他将自己丰厚的学养和不断汲取的中国画传统经典融入笔下，大有见地的题跋和才思飞扬的诗词亦是其画作不可分割的部分。

恩格斯在谈到文艺复兴的时候曾经说过，那是一个需要巨人的时代。我们当今的时代与欧洲文艺复兴时期相比，更需要大量的各种各样的杰出人才，其中也包括文学艺术人才。

我们知道书是精神的食粮，学习就是"吃"精神食粮。任何一个人只要活着都

王宏喜作品《山水》

要吃饭，这是一种本能。可是对于精神食粮来说，人的需要情况却不一样了。在有些人看来，没有精神食粮一样可以活着，而且可以少费脑筋，把时间花在玩乐上。只有有理想、有抱负，立志做一番事业的人，渴望探索学问之道的人，才会把精神食粮看得和吃饭一样重要。只要一日不学习，知识的饥饿感就在袭击着他们。吃饭是维持肉体上的生命，而学习则是使人生放出光和热。

王宏喜就是这样一位"只要一日不学习，知识的饥饿感就在袭击着他们"的人。

王宏喜在回忆年青时学习生活时说："学习，要学春蚕吐丝，就必须要像春蚕那样吃桑叶才行。你看，满天的云霞虽美，春蚕却不屑一顾，只是埋着头沙沙地吃着桑叶，到了吐丝的时候，它才骄傲地昂起头拉着丝与云霞媲美。"他接着又说："读书和'吐丝'的关系很重要，多读一些书，不然，空有'吐丝'的美好愿望，到时候却满肚空空，吐不出丝来，那才真是后悔莫及啊！"

王宏喜就像那"春蚕"埋着头沙沙地吃着"中华优秀传统文化"的桑叶，到了"吐丝"的时候，他才骄傲地昂起头交出"不忘初心，让作品说话"的满意答卷。

鲁迅说，读书"必须与蜜蜂一样，采过许多花，这才能酿出蜜来。倘若叮在一处，所得就非常有限、枯燥了"。"读书无嗜好，就不能尽其多，不先泛览群书，则会无所适从或失之偏好。广然后深，博然后专。"王宏喜创作的神话、传说、历史人物系列作品，就是在知识的"根据地"上喷涌而出的灵感成果。

天才出于勤奋，这是对于天才所作的唯物主义的解释。天才并非天生之才，而是指第一流的人才。人生的道路上大家的起点都一样，后来有些人成为第一流人才，成为传承书画艺术的非凡人物，乃是由于后天的勤奋。一个天才的诗人，在呱呱落地时，他的哭声也绝非一首美丽诗。

苏渊雷先生是一位天才的诗人。他自小好学深思，博览群书，心知其意，知类知要，先立其大，分析、批判、综合，从而进入一个融会贯通的境地，成为著名的

王宏喜作品《板桥写竹》

诗人、国学大师。同样，一个研究宇宙航行的科学家，在刚学步时，也决非离开地球迈向宇宙。这一事例也足以证明后天勤奋的重要性，任何天才都是后天勤奋努力的结果。

王宏喜说："要真正学到一点东西，就要虚心。譬如一个碗，已经装得满满的，哪怕再有好吃的东西，像海参、鱼翅之类，也装不进去。如果碗是空的，就能装很多东西。装知识的碗就像神话中的'宝碗'一样，永远也装不满。"

在学习上所谓"自满"，这"自"字很有道理，"自满"只是你自认为满，并不是知识真的满了。巴甫洛夫说过："任何时候也不要认为你什么都懂，不管别人怎样称赞你，你时时刻刻都要有勇气对自己说：'我是门外汉'。"古语说："学然后知不足。"真正懂得学习奥秘的人，不是越学越满足，而是越学越虚心。因为他（她）越深入地学进去，就越深深地看到了无比广阔、无比绮丽的知识世界，也就越感到自己知道的东西少，越发努力地学。

在书画艺术上要有成就，必须有一种韧劲，在任何困难面前不退缩。王宏喜正是如此，他研读历史书、绘画史，研究绘画笔墨，在攀登书画艺术高峰的征途上，不断探索，不自满，不停歇。人的灵魂表现在他的事业上，事业的成功，可以从中看出其灵魂深处的理想与追求。

中国绘画的传统不仅是笔墨程式，还包含心性修养和人伦品德。从王宏喜身上，我们或许可以看到，对艺术家而言，传承传统，首先要回到绘画本身，回到艺术本体。维护传统或是锐意创新都不是教条式地照搬或推翻。

王宏喜看待成功有着自己的想法，他认为任何事情不能要求一蹴而就，要持之以恒地努力才能取得相对的成功。要把握当今时机,不要留恋过去的成绩,才能继续向前迈进。只有执着追求并从中得到最大快乐的人,才是成功者。成功不是衡量人生价值的最高标准,比成功更重要的是,一个人要拥有内在的丰富,有自己的真性情和真兴趣,有自己真正喜欢做的事。只要你有自己真正喜欢做的事,你就在任何情况下都会感到充实和踏实。

当今时代,知识在不断更新,人必须不断地重新学习,进行自身的知识更新。学习在于积累。高楼大厦是向高积累,万里之遥是向远积累,学习是向深度和广度积累,积累的目的是释放积累,没有足够的积累,就谈不上有创新。"自恃其聪与敏而不学者,自败者也。"那些仅仅追求外在成功的人实际上是没有自己真正喜欢做的事,也没有"十日画一水,五日画一石"的钻研精神。他们喜欢追逐的只是名利,一旦在名利场上受挫,内部的空虚就暴露无遗。书画界也有鱼目混珠的现象,一些连基本线条功底都没掌握好的人,通过不正当的手段宣传自己,还有更为可笑的某些所谓号称"实力派画家"的人大谈中国画的传承与创新却忘了中国画本质上也是学问之画。王宏喜常说:"中国画是中国的伦理和文化的笔墨对照。"

也许,每一个人在生命中的某个阶段是需要某种热闹的。那时候,饱涨的生命力需要向外奔突,去为自己寻找一条河道,确定一个流向。但是,一个人不能永远停留在这个阶段。托尔斯泰如此自述:"随着年岁的增长,我的生命越来越精神化了。"人们或许会把这解释为衰老的征兆,但是,实际上即使在老年时,托尔斯泰也比所有的同龄人、甚至比许多年轻人更充满生命力。毋宁说,唯有强大的生命力才能逐步

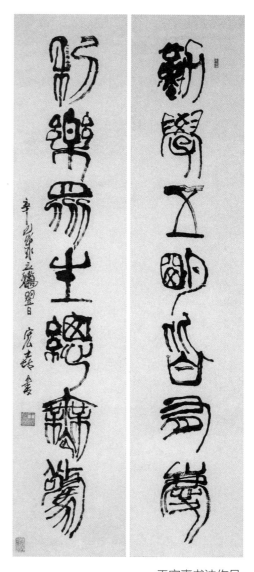

王宏喜书法作品

朝精神化的方向发展。

人生最好的境界是丰富的安静。丰富，是因为拥有了内在精神世界的宝藏；安静，是因为摆脱了外界虚名浮利的诱惑。

在中国古代文人中，王宏喜对明代文学家、画家、书法家陈继儒是佩服的。他曾几次有计划地阅读陈继儒的《小窗幽记》。陈继儒，字仲醇，号眉公，明代华亭（今上海松江）人。自幼聪颖过人，工诗文，善书画。与董其昌友善，同时倡导"南北宗论"。著述甚丰，如《太平清话》《安得长者言》《小窗幽记》等。《小窗幽记》尤受时人喜爱，其中所选的格言妙语，涉及社会、人生诸多方面，或立言精深，使人百思方悟；或含蓄蕴藉，令人回味悠长；或情趣盎然，读来津津有味，闪烁着智慧的火花。

陈继儒的处世观为四法：安详是处事第一法，谦退是保身第一法，涵容是处人第一法，洒脱是养心第一法。王宏喜认为，现代人欲寻回本真的自我，涤去心灵的积埃，超脱于尘世的喧嚣、烦忧，不妨打开《小窗幽记》，自然可以从中找到一方宁静、淡泊、洒脱之地。

王宏喜说："世事沧桑，人生易老。但幸有白日相陪，有青春做伴，有不肯交还的画笔在手中紧握，有不灭的艺术追求在心中燃烧，我相信，我的艺术创作与旅程还没有结束，前面还有新的挑战和风景。"

"在进入 21 世纪的今天，艺术家要多研读中华优秀传统文化，承继经典，融会贯通，创新发展。站在时代的制高点上自觉驾驭艺术规律，创作出更多的受人民大众喜爱的具有艺术生命力的珍品。"这是王宏喜的肺腑之言。

黑格尔曾热情洋溢地写道："朋友们，朝着太阳奔去吧，为了人类的幸福之花快点开放！挡住太阳的树叶能怎么样？树枝能怎么样？……拨开它们，向着太阳，努力奋斗吧！"

王宏喜现正朝着艺术高峰的明天奔去，必将赢得丰硕的成果，不忘初心，让作品说话。

我们相信！

我们期待着！

附 录

我们热爱祖国,不仅应当爱它的锦绣的河山,勤劳的人民,优秀的文化,更应当用自己的心血和汗水为她的河山添彩,为她的人民造福,为她的文化增辉,为她的繁荣富强奉献。

王宏喜美术馆

王宏喜、潘宝珠夫妇与浙江海宁有着不解之缘。2002年，夫妇俩受邀在浙江省海宁市钱君匋艺术研究馆办书画展览，后来王宏喜花了两年时间为浙江海宁市创作了25幅海宁市历史沿革名人造像，捐赠给钱君匋艺术研究馆。2009年，王宏喜又为海宁市人民政府绘制了巨幅山水画《天下奇观海宁潮图》，悬挂在市政府接待大厅里。

海宁南关厢为浙江省级历史文化街区，位于海宁市区核心地带，街区前临洛塘

王宏喜、潘宝珠夫妇与海宁市政府领导杨文华（中）在《天下奇观海宁潮图》前合影

浙江省海宁市王宏喜美术馆外景

河,与长水塘、横塘河相接,三水会源,水光云影,灯烛辉煌,环境秀丽。海宁市人民政府将在南关厢景区设立王宏喜美术馆,用于作品展览、文化交流、推介、展示王宏喜的艺术成就,让更多的观众和美术爱好者、研究者能够比较全面地欣赏、解读王宏喜的作品。

王宏喜、潘宝珠夫妇受海宁市人民政府多次相邀,将创作的150幅作品(其中王宏喜100幅,潘宝珠50幅)捐赠给海宁市人民政府。捐赠的作品中有《大海》系列组画的代表作如《脊梁》《望海》等,还有传承优秀传

2002年,王宏喜、潘宝珠夫妇在浙江省海宁市钱君匋艺术馆举办画展

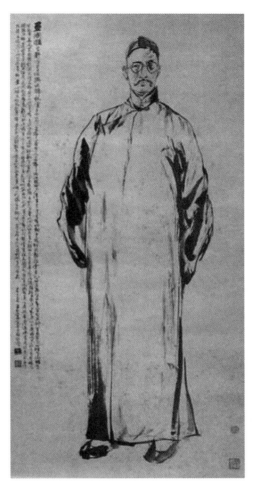 

王宏喜作品《海宁近代名人——王国维造像》　　王宏喜作品《海宁近代名人——查慎行造像》

统文化及历史人文的人物画，如《悟空》《竹林七贤》《苏东坡品茗图》《关公夜读》等。其中不乏鸿篇巨制，如长 7.2 米、宽 1.45 米的《大唐盛世修典图》，构图精致宏大，人物栩栩如生，反映了大唐盛世的精神风貌，给人以强烈的艺术震撼。

潘宝珠介绍，之所选择海宁，一方面是夫妻俩与海宁有深厚感情，她自己就是钱君匋的弟子，另一方面是应该让作品发挥其应有的艺术价值，回归人民，与人民见面，而不是变成商品。

海宁市人民政府表示这批作品还将开发成文创产品，与市民面对面，将这批作品发扬光大。推而广之，如果有更多的人热爱艺术，走近艺术，这对一座城市乃至整个社会无疑是十分有益的。同时，这也促进了王宏喜艺术成就的对外传播，这对学术上展示中国书画艺术的特有魅力,讲好中国故事,都有着重要意义。

法国美学大师亚瑟·裴特朗曾有一段名言:"一座没有文化的城市,无异于一片荒漠;一座没有雕塑的城市,便是一个缺失精神内核的荒园。"

一个美的环境,可以影响到我们对美的心灵感受。王宏喜美术馆建立的重要意义在于:书画艺术之美对我们有潜移默化旳教育价值。在无声的影响中,我们会渐渐懂得什么是美,懂得怎样创造美。

真为王宏喜美术馆的开馆高兴!点赞!

王宏喜作品《海宁近代名人——徐志摩造像》

王宏喜作品《海宁近代名人——穆旦造像》

王宏喜艺术年表

1937 年　　10 月 19 日，出生于江苏省灌云县南五队龙王荡。

1954 年　　考入县城伊山初级中学。

1956 年　　漫画《有求必应》等在江苏省级报刊《江苏体育》发表。

1958—1960 年　　创作生活速写、习作等数十幅作品，先后在地方、省报刊物上发表，并参加展览。

1960 年　　考入南京艺术学院美术系中国画专业。

1962 年　　《蚕茧丰收》年画由江苏人民出版社出版。

1963 年　　《人物画参考资料》（部分）由上海人民美术出版社出版。

1964 年　　南京艺术学院毕业，进入上海人民美术出版社从事连环画创作。

1970 年　　连环画《白毛女》（与韩敏等合作）由上海人民美术出版社出版。

1971 年　　连环画《春风杨柳万千条》由上海人民美术出版社出版。

1972 年　　进江苏省连云港市文教局任美术创作员,参加江苏省美术家协会。

1978 年　　连环画《海燕》由江苏美术出版社出版。

1979 年　　《海盐的由来》组画参加全国首届科普美术展获二等奖。
　　　　　　任江苏省科普美协副理事长。
　　　　　　出席江苏省劳模表彰大会,获江苏省政府嘉奖令。

1980 年　　出席江苏省文代会,连云港市成立文联,任美协主席。
　　　　　　《松针粉》组画参加全国农村致富画展,获佳作奖。

1981 年　　《吴承恩与花果山》组画,获江苏省首届科普美术展特等奖。

1982 年　　《桃园问津》等 6 幅作品由《湖南画报》刊登。
　　　　　　获连云港市首届文学艺术特别奖。
　　　　　　在南京举办个展。
　　　　　　《东坡听琴图》被南京博物院收藏。
　　　　　　参加中国美术家协会。

1983 年　　在上海举办个展。

1986 年　　在日本大阪市博物馆举办个展。
　　　　　　《三国圣贤图》屏风被大阪佛教会超善禅寺收藏。

1987 年　　《出海》等七幅中国画参加江苏省中青年画展(北京中国美术馆)。
　　　　　　《三国故事选》挂历由上海画报社出版。

1988 年　　出访日本,考察日本儿童美术教育。
　　　　　　《中国儿童故事》由大阪中央幼稚园收藏。

1991 年　《孔子造像》由南京夫子庙大成殿收藏。
　　　　《秦淮八艳》屏风由南京"秦淮人家"宾馆收藏。

1992 年　由上海美术馆人才引进。

1993 年　任美国休斯顿中国美术协会艺术顾问。

1994—1995 年　出访日本。
　　　　《十八学士登瀛洲》《十八罗汉》屏风由日本宫津松源禅寺收藏。

1996 年　《天佑中华》（与潘宝珠合作）获"95 世界华人书画大展"金奖。
　　　　赴中国香港城市大学讲学并举办夫妇画展。

1997 年　赴中国香港画艺讲学。

1998 年　赴新加坡、马来西亚举办夫妇画展。

1999 年
　5 月　中国人物画《向海洋》参加上海解放五十周年美术展览。
　8 月　为《上海野生动物园画册》画长颈鹿、犀牛、象、熊猫（与潘宝珠合作）。
　12 月　参加"翰墨颂莲庆回归"——上海百名著名书画家创作百米长卷赠送澳门博物馆，并出版画册，刊登作品《洛浦听笙图》。
　是年　赴中国台湾中西艺术苑讲学。
　　　　《罗汉十八尊》石刻组画由绍兴柯岩收藏。

2000 年
　4 月　应中国台湾地区台北澹宁书画会邀请赴台交流，并参加两岸书画联展，受聘澹宁书画会艺术顾问。《张旭醉书图》入编书画交流联展画集。

4月25日	《孔子望海》《归去来辞》《竹林七贤》刊登于《美术之旅》。
5月	连环画《毒品毁灭了一个幸福的家》由《上海文化画报》刊登。
	《中国画——人物篇》由上海音像出版社出版发行。
	《上海百名画家画岱山——蓬莱之梦》刊登多幅作品。
6月	《赤壁赋》《钟馗嫁妹图》刊登于《香港书画报》。
12月	"百名画家画浦东",作品《聚焦长江口》在上海浦东新区人民政府展览。
是年	举办夫妇画展。
	《盛世修典图》由上海图书馆收藏。
	《吴敬梓》石刻组画由南京吴敬梓纪念馆收藏。
	《王宏喜画集》由上海人民美术出版社出版。

2001年

1月	《中国古典四大名著画册》珍藏本由上海辞书出版社出版,其中共创作了百余幅作品。
2月	《文汇报》"文汇画刊·彩墨绘浦东"刊登中国画《聚焦长江口》。
4月	作品入编由上海古籍出版社出版的《海上画坛》。
6月	中国画《晌午》参加建党80周年上海美展(上海美术家协会组展)。
	上海教育电视台拍摄电视片《属于海洋的礁石——王宏喜先生绘画作品欣赏》。
12月	书法作品于上海毛泽东故居"纪念毛泽东诞辰108周年"展出。
是年	为上海银行创作《九方皋》等5幅以马为题材的中国画作品。
	出版马年生肖系列贺卡。
	《魁星点斗图》捐赠上海文庙魁星阁。
	在新加坡中华总商会举办夫妇画展。
	在马来西亚柔佛艺术学院举办夫妇画展。
	《颜真卿造像》由南京鲁公祠收藏。
	《十八罗汉图》由上海玉佛禅寺收藏。

2002年

6—7月 应日中文化友协邀请，与夫人潘宝珠参加上海文化代表团赴日本广岛、长野、东京等地文化交流，于东京女子美术大学、东洋美术学校、东山魁夷纪念馆、信浓美术馆等与东山魁夷夫人、作家水上勉、油画家绢谷幸二等进行艺术交流。

作品《赤壁怀古》由中国驻日本东京大使馆收藏。

《达摩造像》《桃源问津》《竹林七贤》等作品陈列于上海玉佛禅寺方丈室。

7月 作品《苏东坡赏砚图》参加《书与画》创刊20周年全国书画大展。

国画《聚焦长江口》于上海"同一屋檐下 同行五十年画展"展出。

9月 赴浙江海宁钱君匋艺术馆举办夫妇画展。

作品《天下奇观海宁潮图》由海宁市政府收藏。

《海宁历代名人造像系列》由海宁钱君匋艺术馆收藏。

12月 中国画《九方皋》于上海人民美术出版社建社50周年画展展出。

2003年

6月 中国画《三国志》全本画册及人物绣像共157幅，由韩国汉城大学"创作与批评株式会社"出版发行。

8月 创作由上海辞书出版社发行的《孙子兵法》画册中36幅中国画插图。

上海电信局发行《三十六计》电信套卡（电话纪念卡）。

上海教育电视台拍摄电视片《宏喜绘三国——王宏喜三国人物欣赏》。

2004年

9月 为庆祝中华人民共和国成立55周年、政协成立55周年，静安政协举办"丹青颂神州"书画展，《晌午》《望海》等7幅作品入编该画展画集。

2005年

5月 《美术报》登载两版介绍文章《生活的颂歌，时代的画卷》，刊登《小毛狗》《脊梁》等5幅作品。
《今日上海》杂志刊登文章《如椽缩历史》，刊登《盛世修典图》等4幅作品。

9月 "狗年画狗"日历由《东方航空》杂志出版。

12月 《连博》杂志创办三周年，刊登文章《珠联璧合翰墨情——访王宏喜、潘宝珠伉俪》，画家捐赠作品《对弈图》并刊登《晌午》等4幅中国画作品。

是年 《盛世修典图》为上海玉佛禅寺方丈室收藏（捐赠）。

2006年

2月 为纪念朱屺瞻诞辰115周年，朱屺瞻艺术馆建馆十周年组织"中国画名家画梅展览"，参展作品为《草堂客至图》并出版画册。

6月 《和合如意》由深圳田溪画廊收藏。
江西美术出版社出版《当代中国画名家作品集》并刊登作品。

8月 由上海文广集团对外文化联谊会主办的"宝岛印象"展览会在上海市美术馆开幕展出，《槟榔西施》《魂归双溪》两幅作品参展。

9月 上海教育电视台"诗情画意"栏目拍摄专题片《宏喜绘三国》。
上海玉佛寺"觉群佛教文化周名家书画展"，展出《对弈图》《怀素书蕉图》并入编画册《觉群墨缘》。

10月 《东方航空》杂志刊登文章《画坛比翼鸟——画家王宏喜、潘宝珠夫妇》，刊登王宏喜的画作《槟榔西施》《东坡赏砚图》《盛世修典图》《九方皋》等。
上海东方电视台文艺频道拍摄专题片《人物春秋——读著名人物画家王宏喜的中国画》。
《上海采风》发表文章《中和之美——中国画的归宿》。

11月 作品《怀素书蕉图》参加上海美术馆馆庆50周年系列展——员工美术作品展览。

2007年

2月 北京《书画名家》杂志,封一、二、四及内文共23页刊登作品和介绍文章。

作品《竹林七贤图》参加文汇新民联合报业集团主办的"海派名家贺岁提名画展"。

《竹林七贤图》刊登于《新民晚报》"海派画家迎春专版"。

3月 中国画《望海》发表于《解放日报》"朝花"。

6月 《怀素书蕉图》入编海水乡画院编辑的《上海书画家名典》,由上海人民美术出版社出版。

上海市对外文化交流协会庆祝成立20周年出版书画藏品集《海上和风》,刊登中国画《九方皋》。

7月 《书与画》杂志刊登全国书画大展特邀作品,出版专辑内刊登《东坡赏砚图》。

河北人民美术出版社出版《当代中国画名家》人物篇刊登介绍。

8月 《艺术中国》画册刊登封面封底在内的18个版面的作品和文章。

9—10月 由上海市文广局、上海对外文化联谊会组织对台文化交流代表团,"名家宝岛风情展"在中国台湾地区台中市文化中心大敦艺廊展出,展出中国画《槟榔西施》《魂归双溪》,后又在中国台北孙中山纪念馆展出。

9月 海峡摄影出版社《名家》杂志刊登文章及作品。

10月 《文汇报》"文汇鉴赏"刊登张立行写的文章《为中国人物画注入民族气派》,刊登中国画《向海洋》。

上海玉佛禅寺为王宏喜创作的《五百罗汉图》精装画册出版召开首发式并展览《五百罗汉图》(长卷)。

《劳动报》刊登《五百罗汉图》(长卷)首发式消息并刊登《五百罗汉图》局部。

河北美术出版社出版《当代中国画名家丛书》,第2册介绍王宏喜。

11月 东方电视台文艺频道拍摄并播放专题片《人物春秋——著名人物画家王宏喜》。

12月　《新民晚报》"夜光杯"刊登恽甫铭文章《烟云供养绘罗汉》，刊登《五百罗汉图》局部。

2008年

1月　作品《生肖之首》参加朱屺瞻艺术馆"鼠年生肖展览"。
上海文艺出版总社《读者导报》刊登《画坛伉俪珠联璧——王宏喜、潘宝珠夫妇作品赏析》。

2月　参加连云港市美术馆举办的"乡音·乡情——美术名家作品邀请展"。

4月　作品《陆羽品茗图》被拍卖，善款捐"上海市发展交响乐团事业基金会"。

6月　抗震救灾作品中国画《兵从天降》刊登于《联合时报》。
为抗震救灾捐赠《生命在召唤》《兵从天降》两张八尺中国画作品给黄浦区慈善基金会。
为抗震救灾捐赠《观沧海》至上海静安区政协展览并拍卖，善款捐赠给上海慈善基金会。
作品《海风》参加上海市美协于刘海粟美术馆组织的"上海水墨人物画展"。

9月　天津人民美术出版社出版《中国著名书画名家——为奥运喝彩》，刊登作品。

10月　《中国美术典藏》杂志第10期封一、二、三、四及20页内文刊登作品。

2009年

3月　参加中国香港仁济医院和香港书艺会的"慈善书画——艺术献爱心展览"，并拍卖作品《张旭醉书图》，所得拍卖款项捐给香港仁济医院作扩建医院用。
书法《浮舟沧海》、中国画《牛年诵经图》参加由明苑文化艺术中心组展的"禅心清韵名家书画展"，并出版画集。

5月　入选北京人民美术出版社出版的《中国当代美术名家》，刊登作品。

8月　中国美术馆杂志《中国美术馆》第8期刊登文章《海派王宏喜》及作品13幅。

《上海艺术收藏家报》第6期出版《王宏喜中国画艺术》专刊，刊登16幅作品和两篇评论文章。

11月　北京荣宝斋出版社出版《当代中国画名家经典作品集萃》，并刊登作品。

12月　北京华艺美术出版社出版《中国当代实力派画家作品精选·王宏喜画集》。

上海书画出版社出版《盛世中国迎世博中国艺术大典》书画卷，刊登作品。

2010年

1月　《美术中国》总第21期专辑，刊登文章《王宏喜的中国画艺术》及作品。

《国家美术》杂志第2期刊登多幅国画及程大利文章《笔情墨趣如椽笔，沉博壮丽文人画》。

4月　中国文联出版社出版《迎世博盛世书画名家精粹》。

中国画《世博功臣》刊登于《新民晚报》"夜光杯"栏目。

静安区图书馆、香梅画苑与常熟菱花馆共同举办"香梅菱花艺聚世博联合画展"，展出作品为《世博功臣》《郑板桥画竹图》。

5月　纪念连云港市文联成立30周年，《连云港市优秀美术作品集》出版，刊登作品《陆羽品茗图》《工程功臣》。

6月　《连博》杂志第2期刊登王宏喜作品《三国演义》彩墨插图选。

书法《养气铸魂》刊登于《新民晚报》"夜光杯"栏目。

7月　王宏喜"乡情牵手时代，水墨讲述记忆"现实题材中国画《出海》《世博功臣》《生命在召唤》《海风》《潮》刊登于《新民晚报》"纸上展厅"全版。

8月　北京中国工艺美术出版社出版《水墨丹青》四大家作品精选，刊登10页作品。

中国画作品《法轮初转》《佛经东传》《普度众生》《香山九

老图》《槟榔西施》《五百罗汉图》以及文章《艺坛伉俪——画家王宏喜、潘宝珠夫妇》刊登于上海《流行色》杂志。

9月　《中国近现代名家王宏喜作品选萃》由解放军文艺出版社出版。

10月　《中国绘画年鉴》出版，刊登王宏喜的简介及作品。

《新民晚报》发表《香山九老图》并刊登周德民的文章《与众不同的〈香山九老图〉》。

"荣宝斋画谱"丛书《王宏喜绘五百罗汉图》由北京荣宝斋出版。

11月　《艺术品投资》两个版面刊登《海派王宏喜》，并刊登其现实题材作品《海难》《脊梁》《生命在召唤》《槟榔西施》《向海洋》等作品。

12月　中国美术学院出版社出版《水墨神韵——中国当代名家作品集萃》。

2011年

1月　《中国近现代名家王宏喜作品选萃》由人民美术出版社出版。

6月　"王宏喜、潘宝珠——中国画的世界展"在日本东京日中友好会馆美术馆开幕。中华人民共和国文化部网站、日本《东方时报》《现代中国报》《每日新闻》《朝日新闻》《日中文化交流》等新闻报刊发表评论文章及消息。

2012年

6月　《新民晚报》国家艺术版刊登《纪念中国共产党90周年艺术专题创作专辑》并刊登作品《小毛狗》。

9月　参加中国扶贫基金会信息扶贫专项基金等单位发起的书画名家书画义捐义拍活动，《竹林七贤图》拍卖款作慈善捐赠。

上海静安区宣传部及政协举办"梅之韵——纪念辛亥革命一百周年中国画展"，王宏喜、潘宝珠合作作品参加展览。

12月　"王宏喜、潘宝珠、潘之三人联展"由上海工程技术大学中法埃菲尔时装学院——上海壹画室主办，并被聘为客座教授。

2012 年

1 月　《新民晚报》刊登文章《纸龙、墨龙、糖龙共迎春》，报道王宏喜新年作品《墨龙》。

3—5 月　"神采气韵——王宏喜、潘宝珠夫妇画展"在中国香港城市大学中国文化中心举办。

4 月　上海臻品收藏展览会在上海展览馆展出中国画作品《新水墨山水》。

8 月　《2012 年度中国绘画年鉴》出版，刊登作品《日本写生》《陆羽品茶图》《工程功臣》《香山九老图》。

2013 年

2 月　《王宏喜画传》由文汇出版社出版。

7 月　在华东师范大学出版社出版的《走近国学大师——苏渊雷评传》中为苏先生一生各个重要时期创作插图 6 幅。

8 月　参加上海书展签名售书。

10 月　参加上海玉佛禅寺、华东师范大学等联办的"苏渊雷先生学术研讨会"。

2014 年

是年　创作《百年钩沉》，《经济展望》杂志刊登文章介绍《百年钩沉》"是一件美术史意义上的学术精品"。

9 月　《上海证券报》刊登文章《钩沉百年磐古音——记著名画家王宏喜及巨作〈百年钩沉〉》。

2015 年

3 月　《新民晚报》国家艺术杂志栏目刊登《百年钩沉》。

《国粹丹心——中国画技法人物篇》（DVD）由上海东方出版中心音像出版社出版。

5 月　参展作品在日本东京都协办的第 51 届"亚细亚现代美术展"获金奖。

参加由中国中共党史学会、中国新四军研究会等主办的"铁的新四军——红色记忆经典美术作品展"。参展作品《乳娘》在出版画册中刊登。

2016年

4月　作品《东坡听琴图》参加《中国绘画年鉴》创刊10周年全国名家书画展。

8月　参加上海书展《海派名家画传》签名售书，被读者誉为"最受读者喜爱的画家"。

11月　上海黄浦区文联举办"中国梦尚艺书画篇"展览，出版画册。画册刊登作品《杨柳岸晓风残月》。

王宏喜作品《捞月图》

王宏喜谈艺录

认识当代国画艺术中的北方精神，仍旧对我们时下国画的出新与继承有承上启下的作用。

晋唐没有画者这样一个独立的艺术家的位置，绘画附在文学上，滥觞于北方，北方贫瘠，为了生存，营造了北方人强悍、粗犷的精神本质。晋朝的放浪形骸和唐朝边塞诗的豪放硬朗如出一辙。"忽如一夜春风来，千树万树梨花开"，既见文学也见画面，是北方人物与山水画的写照。"放浪形骸"表现了文人的风骨，后一诗句则是对大自然浪漫的想象。这就是我要说的古代的北人气度对中国画的影响，风骨就是画如其人，人有什么气质就画什么画，所以北方的人物画画风坚挺就是这个原因，画的是人的精神，其次才是技法。精神是第一位的，技法是第二位的。和北方画家不同，南方画家抒情，有灵性，对着秀美葱俊、浓荫欲滴的山水，吟诗作画，或看一景一角抒缠绵之情。这就决定了南方的画风是抒情写意的，虽有浪漫的成分，但格局不同。"柳浪闻莺"是浪漫，"大漠孤烟直"也是浪漫，其境界不同，创意也不同。

所以说，北方画风中真实的感受多，生存也是生活，生活的本身就是具有特创性。所以，北方人画画，是不管旁人画什么的，而是要自己真正去生活、体验；为体验道家的静寂，不惜居深山几十载；为体验无为，弃官为布衣。人的境界有了升华方去作画，先塑人后塑画，追求独创，是自己的感受，不嚼别人吃过的馒头。从这个意义上说，"海派"画是融合，两者观念不同，创作手法也不同。这也和地域环境不同有关：南方观念开放，外来的艺术多，四时景色变幻也明显，形成了画风的嬗变，相对来说，独立的成分少，融合的成分多；北方则不同，寒秋独立，风霜高洁，水落石出，风光相对来说坚挺单一，变化不常有，非有超凡的境界，否则在创作上不易有艺术的升华，所以北方的画风大格局也是地域文化造成的。

到了南方，这些年我也研究南方画风，相对来说，我喜欢楚文化的兼容性。

辛弃疾的诗中，"楚天千里清秋，水随天去秋无际"，非常形象地描绘了楚文化中含有的北方的坚挺与疏朗，"遥岑远目，献愁供恨，玉簪螺髻"又体现了楚文化中特有的江南之美，又见婉约。楚地的绘画如金陵画派、浙江画派，现代兼容是第一位的，从明清到现当代画家，相对来说以楚地的出名多，就是这个原因。绘画要发展，传统不能扔掉，要同步，楚地的潘天寿、黄宾虹、齐白石都是如此。这两点也决定了楚画风的华贵与浪漫，黄宾虹晚年的画作就是楚地富庶浓郁浪漫的自然风味的表现，这种画风也可以想象到楚文化的发源——屈原的《离骚》。这说明了楚文化是有根的。

海派的特点就是拿来主义，海上名画家多，大多是外来移民，海上新流派多，也是这个道理。相对来说，楚画派的出现有理论根据，虽然名画家不多，然一出现便明星耀空，百代相传，关键在于根，底火旺，将屈原的骚体的本质——富于浪漫想象，瑰丽恢宏，通过国画笔墨表现得淋漓尽致。有根就有一整套理论，黄宾虹、齐白石、潘天寿都有非常精辟的语录，就是根在起作用，中国的哲学思想在起作用，而其要义又与老庄有关系。所以我作画喜欢想象、恢宏，这是庄子的文化的根，也是楚文化的根，这是江南的平淡空旷，集开放与兼容于一笔。

当今信息膨胀、欲望膨胀，这是艺术的最害之处。能耐得寂寞的人，才能在艺术上扩展自己。

当今中国画有以下几种现象：

一是院体模式的制作性：适合参加大展获奖，能成为成名作，穷其一生能画出三两张即为能事也。

二是笔墨至上的游戏性：走元、明清文人画的程式，能适应当今物欲膨胀之大势，然最终是陷入传统程式而不能自拔，艺术生命必僵死无疑。

三是变体、变形的抽象性：完全摆脱前人经验，自立门户，貌似别开生面、与众不同、风格独立，然而很难继往下去，深入下去、只是文化格局下的快餐如汉堡包、麦当劳。

四是材质、工具革新的作坊性：效果奇异，肌理新颖，扩展笔墨视野。然而是一时新奇，过眼烟云也。

上述四性，有其长处，有其局限。能施其长，舍其短，则具备当今中国画创作一半的条件，另一半是文学、诗书、印、哲理思（维）等艺术修养。

具备上述四性的长处，加上中国文化、文学诗词的修养功底，即具备中国画创作的条件。至于画什么，即主题取材什么，则是另一回事了。问题是不在于画什么，而是在于怎么画，这才是重要的。

艺术是符号，是客体在心灵中的情感爆发，谓之抒情的抽象。意象、意念、意境、意趣，缺一不可。

关于人物画的思考

顾名思义，人物画是表现"人"或主要表现人的绘画。

汉唐之前，中国画未分科，人物画占主要位置，风靡天下。汉魏的粗犷，大唐的绮丽，"人"是主宰。凡绘事者均以表现"人"为绘画之魂。

自晚唐始，两宋、元、明、清，直至现今，约1500年之久，中国人物画与山水花鸟画相较而言日渐式微，病入膏肓，无复兴之迹象。何也？

第一，封建的社会根基极其漫长，至今仍在起着很大的作用。中国人麻木的神经，封建的固垢，不是在短时期内能荡涤无存的。唐以后的历代宗师能匠，均是深谙封建伦理的高手，自然地与封建社会合拍艺术理法，形成了山水花鸟为主导的中国画源流。这与西方中世纪以来直至19世纪末印象派诞生之前的数百年，西画的僵死状态，极其相似。所不同的则是具体的艺术理法而已。

第二，东方文化内蕴迂回，含而不露，以情感人，意境、精神与儒、道、释的东方伦理同步。苍松、劲竹、幽兰、霜菊，深山藏古寺，极其贴切地体现东方伦理、人的道德规范。中国人看戏谓之"听戏"，看画谓之"读画"，喝茶谓之"品茶"，这"听""读""品"，一波三折。不谙东方文化的西方人，丈二和尚摸不着头脑，云山雾罩。中医治本，慢条斯理，中和为上，中餐八小碟冷盘，十道热炒，十二大碗红烧，外加甜品，更有吃三天三夜的"满汉全席"，西餐见而愧颜。人物画直视人生，呈现人性，自然与此相悖。

第三，山水画属宏观，花鸟画属微观。寄情于物，更能超脱"人"的具体躯壳而得其神，"超以象外，得其环中"。中国画理论著作，浩如烟海，自唐始，如滚雪球一般，越滚越大，经验积累日趋成熟臃肿。其中百分之九十为山水、花鸟画理画评，而人物画理画评微乎其微。

中国人物画联想

中国画偏于心、偏于中和，理性。比如民乐、服饰、昆区、中医、民族歌舞。

西画偏于物，偏于刺激，感性。比如交响乐、话剧、西医、芭蕾也是如此。

西画从17世纪法国成立皇家美术学院，18世纪英国也成立了皇家美术学院，专业画家都有固定的模特。古希腊、古埃及艺术家同样也使用模特儿。唯独东方艺术家从未有使用模特，过去不曾有，现在也没有，将来也不会有。

我的老校长刘海粟先生率先在中国使用模特，成为中国现代美术史上一大革新，功不可没。然仅局限在艺术院校的课堂上，自此一直延续至今，各艺术院校广为应用，已不足为奇。

现代性、时下性、时代性。近20年人们的思想、审美意识发生质的变化，时下中国画创作浮躁。

时代、民族呼唤着中国画家，在"偏于心"上下功夫，显得更为重要。

新文人画，现实主义回归，其中包含了怀旧情结。

中国画的"写"

绝大数的画家在落款时喜用××写，这个"写"字道出了中国画所特有的理法观。

其实，中国画落款用不用"写"字，倒无所谓，元以前很少有画家在自己作品上留下"写"字的。自明以后这个"写"字才大兴其道。

所谓"写"是骨法用笔的形象化，此代言词简单明了。一幅好的画，可以清楚地看出笔意、用笔的来龙去脉，最终归结到"线"，所以有"线"是中国画生命之说。

当代中国画应是什么样式？

应当是：不那么中国画但又充满了中国画意向。……切忌做作，须个性鲜明。需要全方位的投入，用心血作画。

当代绘画评论应是什么样式？

应当是：善意的刻薄。

中国画的写实与抽象变形，没有严格的分界线，多是偏重哪一面而已。总的来说，中国画是高傲的抽象、印象。单单说是写实，是不确切的。夸张、变形本身就是抽象的意味。

任何绘画形式，都可以用来表现情绪、情思、梦呓、幻觉、概念、心境等看不见、摸不着的东西，传统的中国画里，屡见不鲜。但这些看不见、摸不着的东西，又都是画家平时生活的观察、筛选、组合体。生活中零星碎片是各式各样零件，而作品是这些零件的组装物。连自己都看不懂的作品，别人怎么能看懂呢！

文人画衰变论

中国画是中国特有的画种。纵观历史大体有两类：一是发轫于魏晋南北朝至元明清达到高峰的文人画，一是宫廷的工匠式的院体画。两者虽有渗透，相互影响，然大体可分。明人董其昌南北宗论，即是明确将两者区分开来。

文人画发展至明后期的婉约派及至以后兴起的豪放派，均以诗、词、哲理入画，以求阴阳开合、天人合一之艺术境界。时至近现代，文人画已日渐衰微，当今行于市场者大抵为工匠之作，此乃中国画之悲哀也。西风东进，物欲横流，奔于信息网络之间，以少许或无许换取多许，平仄不明、训古不知，此乃文人画衰微之故也。

文人画沿着前人之迹惯性而进，或背离前贤捡起西方残美，均非振兴之道。

◎ 最美的线是最准确的线。
◎ 一切从画面效果出发，形式（感）是第一位的。
◎ 不像古人，不像他人。
◎ 中国人物画，画成油画、水彩画、版画、雕塑效果是失败的。就是说一切艺术形式的创造，可以学习、借鉴其他艺术形式，但绝不可能照搬。
◎ 黄宾虹将山水画笔墨推向极致，人物画至今尚无全面的笔墨程式。一种是在前人的笔墨中打转转，一种是完全不要前（别）人的所谓现代水墨。此两种都不足取。
◎ "天地有大美而不言。"

◎ 中国画强调笔墨是"表现",而非"再现";是"抽象",而非"具象";是"心画",而非"画"。

◎ 纵观50年艺术生涯:在没有经过学院训练之前是初生牛犊,是初级的"表现""抽象""心画";经过学院专业训练之后,受造型、笔墨等技法的约束,在"再现""具象"中打圈圈,终无心得之作。数十年沿袭下来,成就平平,无所适从,跟在他人之后拾点残羹,一直苦恼至今。结壳,作茧自缚。偶有心动,终因多年的旧习与大环境所围而无能为之。既无"胆",亦就无"魂"。

在这行将告别20世纪,迎来21世纪之时,要革心洗面,丢掉"再现""具象",进入"表现""抽象""心画"境界。冲破一切藩篱,勇敢前进。

初谈绘画语言

绘画性强弱是作品高低的关键。

各种艺术种类都有自己特定的语言表达方式,无固定的程式。

绘画语言有两层含义:一是作者(主体)情感的表达;二是作品(客体)展现的功能。

绘画艺术的本体是绘画语言。绘画语言是作者的思想、素养、学识、技法的充分表现,是作者个性的阐释,是创作过程中最难的课题。

先验论者,往往取法传统不变、取法他人不变,绘画语言滞后,似曾相识。

非先验者,往往摈弃传统,摈弃他们所创造的经验,一味追求新奇。

以上两种极端均不足取。

关于深入生活

鲁迅说:"南方的衣服,北方山西的鞋……不是所有画家到生活中都能出好作品的。"

有的长期生活在底层,经常不断地到生活中去作画,因为其他修养跟不上,被生活现象所迷惑,作品拔不高,升华不了,最终画了一辈子画白白了之。故尔深入生活是手段,达至目的者,在于"善于"二字上。

对艺术工作者而言,深入生活是广义的必然。而每一具体行为者,演员深入生活有演员的一套规律，画家深入生活有画家的一套规律，切不可一刀切。乾嘉学派的"窄而深"学风是深入生活的正确方法。

上海解放 50 周年美展

上海解放 50 年，新中国成立 50 年，美术界搞这么一次大展，意义之重大，不在言中。参展者都主观上拿出最高水准的作品，至于客观上能否达到，那是另外一回事。

从美术评论角度上看待此次大展，我以为要用如下两条来衡量：

一是历史地看待上海画坛的演变。

参展作者 90% 以上都是在这 50 年里成长起来的，有年近 90 的三朝元老，有年方十几的毛头小伙子、丫头，时间跨度四世同堂，作品上功力体现出 50 年的历史痕迹。50 年的风雨，铸造了几代画家，故尔对每代画家的作品，不能以一个尺度去衡量，要考虑到画家的自身条件与社会条件。如今作品能为观众接受，能参与此次大展，其后关系于历史，确实是不易之事，作者尽了自身的努力，为海上画坛做出了贡献，其创新精神，正是延续了海上画坛之历史价值。

二是崭新的时代精神的阐发。

大展名为"时代风采"，恰当好处，这也是此次大展的归宿、目的、宗旨。50 年的历史是手段，用它来阐发当今的时代风采，这才是终结。

时代精神，不是不要历史的延续、一蹴而就的，而是实实在在的可视形象，充满生机活力的有血有肉的形象。

为中华文化名人造像

20 年前，我以中国画形式为文化名人造像。

自今年 6 月份随上海文化艺术访日团出访日本，归国后本应写几篇短文，无奈作画任务接连不断：四大名著画册、《孙子兵法》画册、全本《三国演义》画册，以及浙江海宁邀请展等，有很多想用文字记下的，也就搁浅了。

20 年前，即 1982 年，文艺界已欣欣向荣，一片繁荣创作的葱绿景象。当时我在苏北连云港市任美术家协会主席，面对三中全会文艺政策，中华文化复兴前景，怀着对中华民族精英的崇敬，怀着对故土家乡的热爱，构思连云港市历代文化名人50图。连云港市旧属海、赣、沭、灌诸县。我是出生在其属地灌云县。该地曾出王羲之、王献之父子，陶靖节家族，孔子、孟子、曾参、仲由等一大批大儒，三国时期糜竺、大唐时代唐僧（江流儿），明清时代吴承恩、郑板桥、李汝珍等，以及一大批地方名士。李白、苏东坡、韩愈及近代林则徐、孙中山等曾在此地留下行踪。

开篇：羲仲祭日、大禹治水、始皇东游、孔丘望海。

因环境家境所迫，此构思中断。个中酸甜，只有自明。

我自幼喜读文史，更喜图画，香烟牌、门挂、木版年画，凡见到的，几全临习。高中毕业，高考，割爱北大中文系，而进南京艺术学院中国画专业。

对中华文化名人敬仰之情，贯穿我整个生命。我深知中华文化名人是民族精神之脊、民族之魂，他们学富五车，其气节、情操一直是我的效法之师。我们所得的经验、学识、待人处事等，都由这些传承所致。其历史、现实意义，非语言能及也。

1990年完成南京夫子庙《孔子造像》；1995年为颜真卿造像、完成吴敬梓石刻；2002年8月始为"国际观潮节"浙江海宁文化名人造像；2002年11月为上海豫园创作《中国文化名人百图》。

人物画偶想

在诸暨纪念陈老莲诞生400周年学术研讨会上，刘勃舒先生讲画中国画不要讲究什么来头，只要表现好就行（大意）。我很赞成这个观点。改革开放以后，中国画空前大争论，空前大发展，各画种的画家大量介入，形成了多元竞争、万马齐奔的大好局面。

和任何事物发展一样，总有正负两个方面。而今中国画发展的负面，抑或谓不好的倾向，是越画越大，越画越黑、紧、粗、密，因而相成怪、丑、恶、奇等。

什么是中国画

广义地讲，中国人画的画，都应该是叫中国画。然而在几千年形成的观念中，将中国画锁定在用宣纸、毛笔、墨绘成的所谓笔墨，方成为中国画。这就将自己手脚捆绑起来，造成延续几千年至今的现状。

传统样式、传统笔墨，只能是创作中的基础。用西方观念，改造中国水墨，此路不通。

创作首先是观念的改变、创新，找到能传达自己感情的形式。既不是传统的样式，也不是套用西方流派的样式。

中国画是一个面孔，这是牵绊中国画前进的主要原因。材质、媒介，均应来个彻底的改变。

我个人五十余年积习形成：所谓创作一定是画的什么，表达的什么，要有文学内涵，故事有出处，主题先行，表达的说教式一直在缠绕创作思想，生怕别人看不懂，或者造作出所谓高深学识。

所谓老来变法，仍是在笔墨上打转转。

中国画姓"中"，显然没有说到问题的实质上。

几千年的文化积淀形成的文化传统、人文精神、文学的叙事性，不可能在现代性的旗帜下，摒弃这些具有深厚的民族文化底蕴。

如果摒弃传统，一味在"与国际接轨"下，沉醉在形式的苦求，即使博得一时的喝彩和卖出高价，也注定是短命的。

如果因袭传统，不屑现代社会的变化，人们审美趣味的转移和提升，仍是老面孔，那就既无创新可言，也无现代感可言。

一个伟大的民族，应该有自己的伟大的艺术

19世纪法国的巴比松画派和印象派、荷兰的风景画、俄罗斯的巡回画派、英国的水彩画、墨西哥的版画、日本的浮世绘、爱斯基摩人的石雕、非洲黑人的面具、加拿大的七人画派……中华民族的当然是中国画。然而中国画在世界艺坛上未形成大的气候，何因？

几千年的封建守旧，积习相因，故步自封，宋元以后文人士大夫消闲自遣为绘事主流，至明清尤甚，越发不可收拾，笔性墨趣，意笔草草，不求形似，以自娱遣兴为最高准则；脱离生活、逃避现实、孤芳自赏，成为绘事普遍程式。

中国画之"变"

中国画作为艺术,其生命力在于"变"。

当代人的生活方式不同以往,20世纪初始的工业文明带来的现代化给几千年封建农业式即小农经济模式下的中国画以无情的冲击,人们的审美求嬗变,传统的样式已成历史的古董。

从哲学角度来看,中国画艺术是形而下的。万变不离其"宗",这个"宗"就是几千年的文化积累,过去是现今的祖宗,现今是未来的祖宗。中国画有史记载的两千年历史,先贤建起座座丰碑,令后人难以望其项背。但两千年中国画史中画家何止成千上万,然能为后人认可者则屈指可数,何故?"变"也。

审美与情感

任何一件艺术品,审美与情感同时存在。审美是艺术品的外延,其具有他性;情感是艺术品的内在初衷己性。只有这种他性与己性完美结合,或者说搭配得当,才能构成艺术品。

近期,我创作《大海》系列都以丈二巨幅为之,试图表现我心中之"海",以人物为主。审美和情感结合的过程,也就是创作的过程。

画什么决定以后,怎么画就成为主要矛盾。成功的画家,不在于其他什么,而在于怎么画。情感贯穿于创作整个过程,也是决定作品成败的关键核心所在。

严格地说,没有情感的作品,谈不上审美。

时下存在的各种创作现象,无不印上画家本人情感的烙印。没有情感,没有画家本人心境投入的作品,是低层次的作品,这就是缺少平时所云的艺术冲动。

情感与审美,有渐进的过程,有从低到高的过程。这个过程是迂回曲折的,从哲学上看是波浪式前进的。

论海派艺术走向

从19世纪中叶至20世纪初,上海的画家三熊(朱熊、张熊、任熊),三任(任熊、任薰、任颐),赵之谦、蒲华、吴石仙和吴昌硕等形成了中国近代美术史的一大流派——海派。

一个画派的形成有其民族、时代的渊源。1840年鸦片战争后，上海开埠，外国资本进入，官僚买办、民族资本家、富贾豪绅云集上海，商业发达，经济繁荣，为画作销售提供了最大市场，以卖画为生的职业画家，也就自然选择这个肥沃土壤。

中国画作为民族文化中的一个门类，千余年来，不断变革，时有异常凸起，创造了中国灿烂辉煌的历史文明。至中晚清，中国绘画从精神到形式上整套固有的定格和样式更加结成了牢牢的硬壳，如"四王"笔墨等。

文人画至明清，人物画颓废、滞后，山水画陈陈相因，皴擦点染，古法不进。任伯年改造文人画的陈陈相因，变陈老莲之法符合市井民情，雅俗共赏，获富贾豪绅赞许。此外，他还吸收月份牌、水彩画色彩，以情写生。吴昌硕以篆入画，开文人画先河，集诗、书、画、印于一体。徐悲鸿以中法攻西，林风眠以西法攻中，海派影响至今，传人不绝。

苏式现实主义文化创作思想方法多为主题性创作，使海派艺术品位停滞、失落。

十年动乱，海派匿迹销声。

20世纪70年代后期，国门打开，西风东渐。

反传统的现代思潮与旧传统的新文人画针锋相对，百花争奇斗艳，中国画重新繁荣。

海派艺术去处

海派成因是上海开埠。当今改革开放，商贾繁荣，性质上不同，是当初无可比拟的。当下一是去深入研究海派先驱，面向大家，向民间求艺，吸收数千年国粹精华，不断否定、扬弃；二是取西法可用之处；三是聚焦本民族主题，研究现代化国人的审美心态。

不谙传统三昧，不能革新传统。纵观历代大师，无不在前人创造的基础上，通过吸收、否定、再创造，开出新路数。

任伯年学陈老莲的高古夸张造型。吴昌硕以古人篆籀入画，一扫明清纤弱柔靡之风。徐悲鸿借西兴中，使传统笔墨服务于造型，笔墨上缺失甚多，但还是竭力想造就具有东方意识的笔墨观。

林风眠同样借西法现代观念，冲破传统痼疾，对传统的中国画笔墨作了彻底的革新，其水墨开启中国画新貌，具有鲜明的现代意识。

革新中国画，无论是借西法现代主义，或回归传统，或者兼而有之，都有一个共同之处，即具有东方人文精神，都不愿或不可能放弃中国水墨这一神秘的魅力，对水墨情有独钟。因袭守旧，陈陈相因，走前人之路，无疑等于不了解中国画；而"离经叛道"，有悖于民族审美心理，以西代中，同样不是中国画的革新之路。所以想来想去，还是要背着传统"包袱"的，问题是如何背法，善背者，吸取精华、为我所用，创造出新的"传统"（对未来而言），不善背者，囿于古法，因袭守旧，无新意可言。

◎ 画画已经是我的生活方式，是我生活的一种常态，我认为始终保持画画状态是非常重要的，就像弹钢琴的人始终动动指关节，唱歌的人每天吊吊嗓，其实每个专业的人要保持自己的状态，都要遵循这样的基本规律。

◎ 我认为艺术创作要出东西，其实是需要长期的生活经验的积累和反复地锤炼的，然后在某一场景突然受到启发，灵感就在一瞬间让过去散落的点状的想法串联成完整的一根线。

◎ 当你面对着一张画时，它虽然并不属于你，但你受到了某种感动。当你面对《五百罗汉像》时，你的心灵会获得某种洗礼，这就是艺术审美的力量。

◎ 也许有些作品，看一眼就忘了，但有时候就是那一瞥，会永远印在心中，我希望我的作品能给观众这样的力量。

在艺术审美中获得生命的补益

回想自己近70年的求知、求艺的艺术创作岁月，我从来只是想做一个尽可能称职的艺术创作劳动者，心无旁骛地读书，画画。不理睬闲言碎语，因我没有应对能力，且又耗费时间。

◎ 种种不良惰性，反倒使自己产生一种宁静的生活满足，有心情去思路飞翔，去关注古代的人和事，学习、承继优秀传统文化，去亲近当代的人与事，特别是改革开放后祖国的日新月异，然后把这些一笔一画地画出来。

◎ 艺术必须拥有诗意的能量，不然它就不是艺术。所有这些特点加起来，形成了我自己的风格。

◎ 如果不看书，我难受。个别人爱聊些杂乱的小道听闻，我不爱听。我想：为什么我们不能茶余饭后多聊聊艺术、文学、美学这些东西呢？

◎ 生命被艺术充满，才是美的。

◎ 树立文化自信，是时下的一个热门话题。真正树立文化自信，关键在于能否真正认清楚自己的文化，了解优秀传统文化的历史价值和现代价值。

◎ 我认为，中国的文化精神，就是《周易》的"乾""坤"两卦所表达的"自强不息，厚德载物"。自强不息是天之道，厚德载物是地之道。

究竟画什么

东西方美术经典经过历史沉淀，之所以成为经典，无一不是当时当地人们及自然的反映。贵族、平民、权贵各阶层的人类，都是普通的人。在今天广泛宣传的"以人为本"的共识之下，画家当然是画人的活动。

在五花八门的流派追逐之中，头脑清醒的画家，始终关注普通人的情感生活，表现也好，再现也好，都应以社会普通人的活动为画题，针砭时弊，讲真话、动真情、追求真善美，画自己熟悉的普通人的生活。这是绘画创作的前提。舍此，别无生路。脱离实际、自行沉醉的、自我欣赏的舞文弄墨，是短命的。君不见如今社会上走马灯似的个展、群展，乃至观念、行为等大行其道者，有几许为观者所认同？还是那句老话——老老实实做人，认认真真画画。

老实，即诚信，诚恳待人。

认真，即按其艺术规律，多读书，多实践笔墨，到生活中去，关心普通人的情感，表现当今时代的人。为此，早拟定到外高桥体验生活，今年一定下去，寻找题材，寻找与画画的契合点，表现在改革开放年代最底层的普通人。

绘画有能品、妙品、逸品、神品之分。

能品、精品、神品、逸品，以逸品为最高。

此乃气质所定，古人云惟气不可医。

南派多清气、秀气、静气、文气、雅气、书卷气。

北派多霸气、豪气、雄气、正气、壮气。

气乃秉性所定。

绘事最难者是鬼气，李长吉为鬼才，数百年方出现一二。

真理跨过一步即是谬误。艺术创作需要激情将所表现之对象升华至极至。精品力作尤须走极端。然而这个极至与极端，都是有限制的，不是任何人想达到就达到的。

当前中国画创作（论方向），横向看，均存在两极现象。

其一，沿着传统前人或他人创造之技法陈式，不谋而合地趋同化，似曾相识，千人一面，缺乏个性。当年毕加索看张大千画展，问其画作在何处，已经很尖锐地指出中国画创作程式化的严重现象。时下，仍有众多遗老遗少麻木地以其昏昏，欲使人昭昭，悲哉！究其原因，数千年的国粹，农业文明的积习，强大的自然惯性，封闭保守的夜郎自大，传统派不愿花大力气，习惯在小康的路上蹒跚，只扫门前雪，小众味的自迷自足。康梁变法，"五四"打倒孔家店，刘海粟、徐悲鸿、林风眠等一代宗师都大声疾呼要改变此种现象，也确实将中国画创作向前推动了一大步，起到了应起的历史作用。然而数千年的积习，非个别历史人物所能彻底扭转。从哲学角度看，历来是时势造英雄，而非英雄造时势。

王宏喜作品《贾岛诗意图》

当下传统式的中国画,仍有强大市场,原因在于此。此论很复杂,既涉及画家主体,也涉及民生、审美、情绪的客体,非三言两语能明了。

其二,反叛传统,抛弃前人经验,另起炉灶,求新求奇,找陌生感。理由是创新,如19世纪印象派、后印象派的产生,美术历史性的大革命。"我的画今人看不懂,几十年后方能看懂。除怪异,其余都是遗老遗少,进博物馆之作。"类似的话并不少见。

中国画人物画的一点思考

董其昌南北宗说虽不十分确切,毕竟概括了中国绘画史地域状况之轮廓,使绘画评论有一个比较客观的形式标准,自此,人物画亦大体分为南北二宗。

南派或取金陵、虞山、浙派、皖派等,人物画就其总貌,均以花鸟技法入画,轻盈、简约、虚灵韵致。而北派,则以山水画技法入画,厚重、敦实、淳朴。

地域民风不同,文化背景不同使然,若将两者优处汇来画面,克服其各自劣处,定能出新矣。

理性看待书画现状——答流沙河先生"为书画进一言"

书画艺术的兴衰与其他艺术门类一样,有其自然的规律,是受经济、政治、社会发展所制约的。牢骚满腹、怨天尤人无济于事。

时下书画现象,确实五彩缤纷,孰优孰劣,莫衷一是。"汤汤泛衍,恶流九甸",未免太伤感了。

任何时代,艺术都是为一定的群体服务的,适者生存是其兴衰的必然。1979年以后,西学渐近,受压抑的艺术表现之情重起,沉沦、混浊的门窗乍开,新鲜空气催生了新的艺术形式,新生代饥不择食,至1989年春前卫者群聚,于中国美术馆举办"中国现代艺术展",紧接着作为行为艺术在美术馆一声枪响,使得五千年的中国书画国粹乱了阵脚。此举若单是新生代,不足为奇,奇怪的是一些卓有建树的中老年画家,甚至是领头羊者,亦纷纷穿插其中,扮演"教父""师爷"的角色。书画大厦有顷刻颠覆之势,"保守""复旧""传统"成为贬义词。此势来之迅猛,越发不可收拾,"末日"论,"笔墨等于零"说,"废纸"论……整个20

世纪八九十年代，书画界空前的纷杂远远超过了它本身的发展态势，远远地超过了20年经济发展所能承受的支撑点。价值失落，物欲横流，心境浮躁，甚嚣尘上，玩世不恭。折腾了近20年的书画行当，至20世纪末，玩腻了的形式，想变花样又变不出来，自己以为是新鲜玩意，中国老百姓不买你的账，当西方权力资本看到你无功利可言，亦弃之不顾，于是乎，这些新玩意黔驴技穷，纷纷勒马悬崖。痛哉！

而今，21世纪伊始，痛定思痛，《美术》杂志关于"真善美"的讨论引人关注，书画市场空前繁荣，老百姓的腰包鼓了起来，书画的中国性、民族性这面大旗仍鲜红旺亮，对此我们充满乐观。

王宏喜作品《鸡有五德》

王宏喜创作构思稿

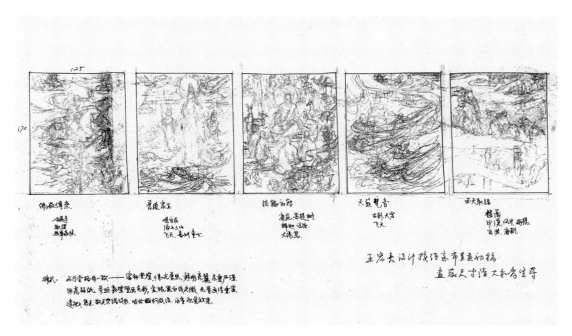

王宏喜《佛教系列》创作构思稿

王宏喜《脊梁》创作构思稿

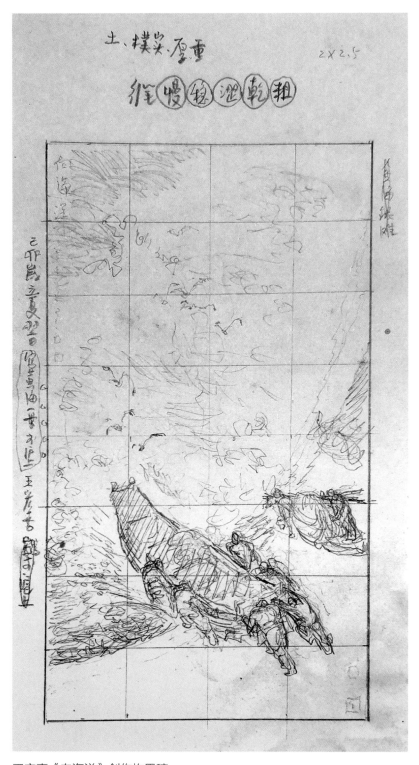

王宏喜《向海洋》创作构思稿

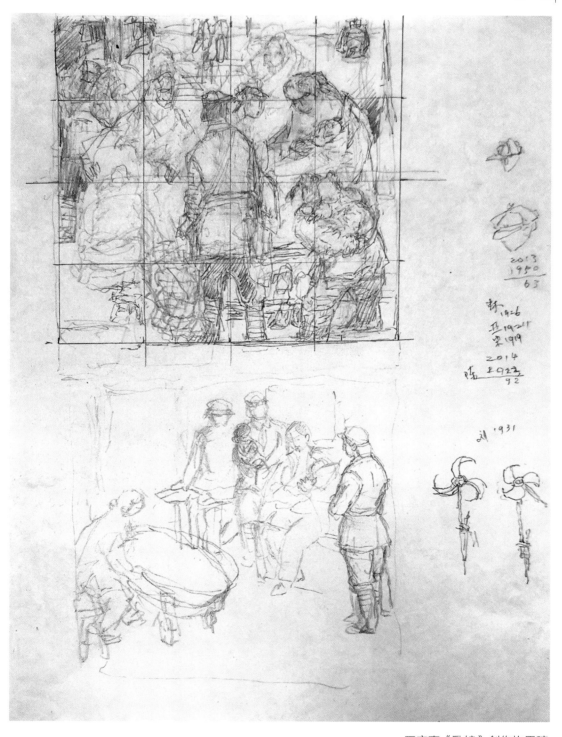

王宏喜《乳娘》创作构思稿

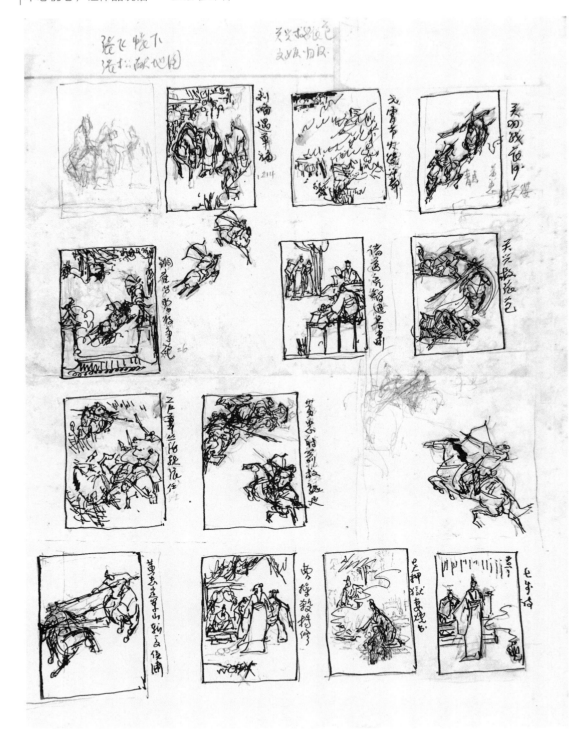

王宏喜《三国系列》创作构思稿

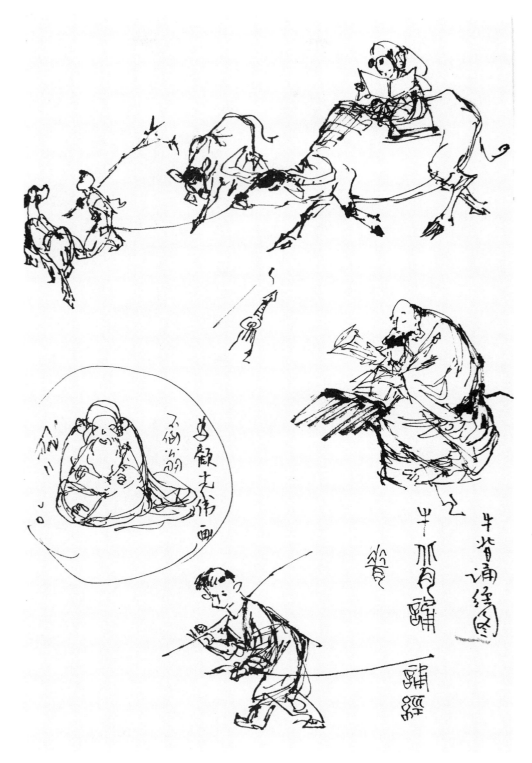

王宏喜《牛背诵经图》创作构思稿

王宏喜《孔子问礼图》创作构思稿

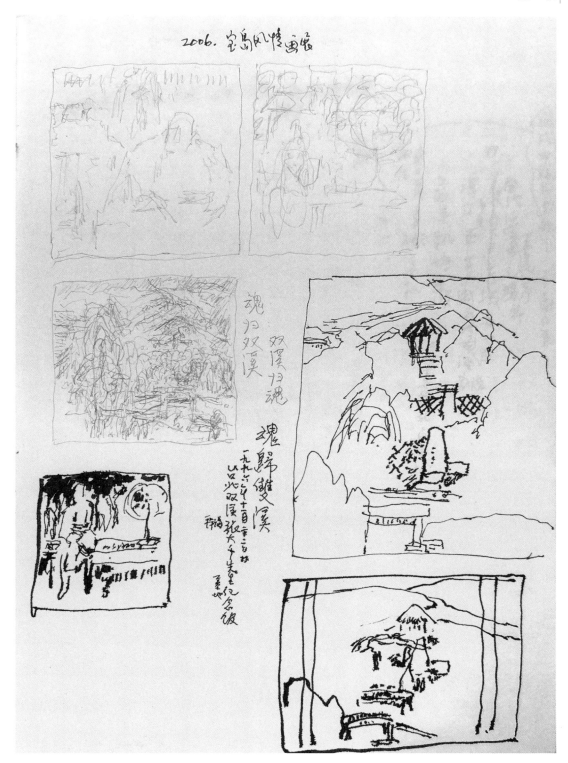

王宏喜《宝岛风情》写生稿

176　不忘初心，让作品说话——王宏喜评传

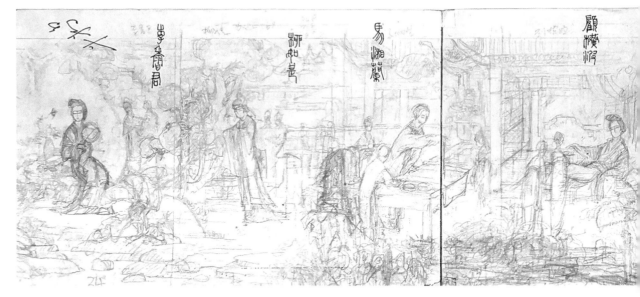

王宏喜《秦淮八艳》创作构思稿

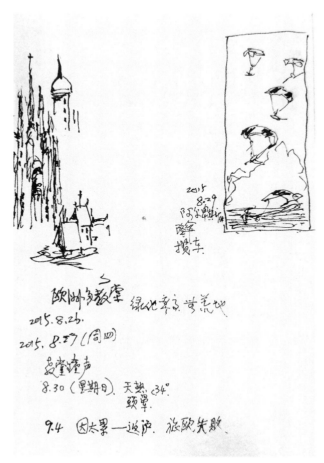

王宏喜旅欧写生稿

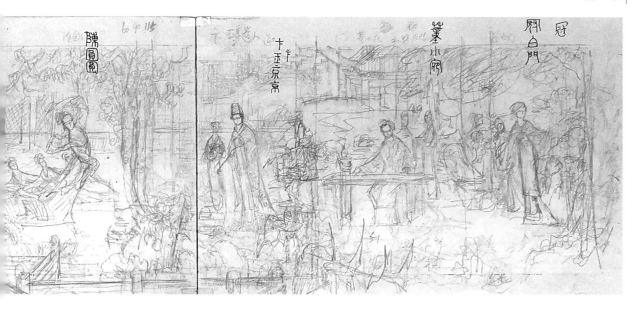

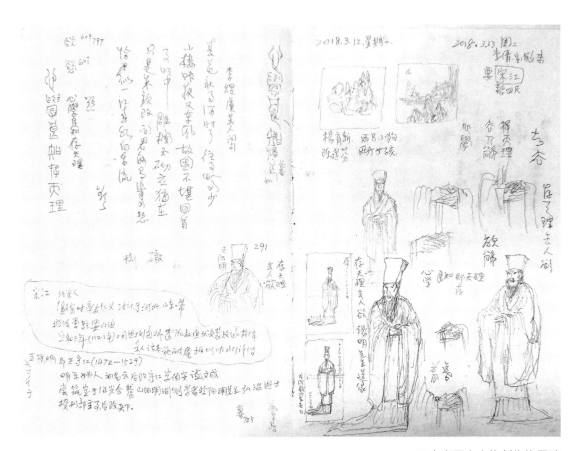

王宏喜历史人物创作构思稿

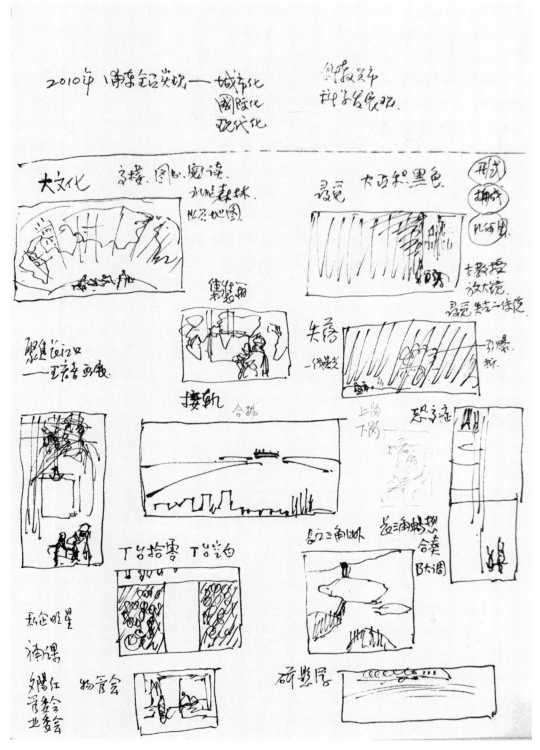

王宏喜《聚焦长江口》创作构思稿

后　记

　　生活也真奇怪，在相熟与不相熟的朋友中，常常让你回味的，往往是没有随着时光流去的一瞬：或短暂旅途中的邂逅，或纯净初恋时的女友，或苦涩童年时代的赤膊伙伴。朦朦胧胧的意境，浓浓淡淡的情愫……

　　每个人的一生中，总会突然想起一些人、一些地方或一段过往。

　　我整理相册时翻出和王宏喜、潘宝珠伉俪一起的合影，如同打开了时光隧道。

　　从20世纪70年代初毕业进入上海新闻出版局工作，在那特别起伏波动的特殊年代，我多次去"五七干校"学习，后几经边学习、边劳动，调整后直至在图书出版发行系统工作，于1977年底在上海普陀区新华书店探望友人时与出版局安排出版社人员到书店实践与学习的潘宝珠老师相识。日月如梭，弹指之间，至今已有40多年的相交、相知。从20世纪90年代末始，每逢我著书出版，潘老师都对我勉励有加，在重要活动中有一时难处时给予尽力帮助。我也回想起26年前因《世界妙语精萃大典》出版，王宏喜表示祝贺、鼓励，精心创作了一幅《醉书图》赠予。如此厚贶，使我却之不恭受之有愧。2012年阳春三月，我女儿在上海环球金融中心举行婚礼，宾客满座，喜气洋洋。王宏喜、潘宝珠夫妇熟悉并了解我女儿的成长过程，满心欢喜前来道贺并奉上一幅精美的《圣观音图》以示祝贺，让女儿乐不可言，也让现场来宾们都羡慕不已。2013年，我编著《走近国学大师——苏渊雷文萃》《走近国学大师——苏渊雷评传》出版，王宏喜又画了苏先生一生各个重要时期插图6幅，为本书增色尤多。在几十年的交往中他既是师长，又是知友，还是喝了几十年的"酒友"，把盏笑谈古今，听他畅谈艺术苦旅，山水烟云，暑意顿消，其乐融融……

　　在我庆贺花甲之年，高朋满座。王宏喜又是画画并赠我书法对联，使我受宠若惊，也引来友人们一片羡慕赞许的笑声。

荣获诺贝尔文学奖的美国作家威廉·福克纳说过一句名言："从化学成分来看，在作家的灵感中，百分之九十九是威士忌，百分之一是汗水。"酒精对艺术家而言，确实能提高创意能力。王宏喜喜酒，常邀上知友喝酒谈艺，喝酒到兴头上当场作画，一幅醉书人物画跃然纸上，栩栩如生，友人们齐声称赞。世人之所以将福克纳的话奉为名言，是因为觉得他说得有道理，只不过有些绝对，有些夸张。适量的酒精有助于艺术家发挥创意思维，王宏喜酒后画的作品，点画之间皆以篆隶书法线条入画，刚劲有力，铁骨铮铮，画面墨韵厚重，稍加渲染，朴茂清新，随性率真，大气天然，其中有不少都是他的精品力作。

自古以来，许多有学问的人，都博览群书，知识非常渊博，其中有一个"秘密"，就是他们在这些书中总有一部分重要的书是精读的。因为对于每一个人来说，由于精力和时间的限制，其所读的书总是有限的，但是有这样一批精读过了的书，成为自己在学习和知识上的"根据地"，那么，在博览群书时，就会融会贯通，汲取这些书中的精华，扩大自己的知识领域并不断把知识转化为才能，以知识为砖瓦，以才能为支柱，构筑知识大厦。这样，所学的知识就不会是杂乱无章的堆积，而是一个有机的整体。苏渊雷先生曾说："文化有三性：一是继承性，二是吸收性，三是创造性（即最高的综合）。"继承是历史的传统，吸收是时代的潮流，创造是民族的形式。运用科学的立场、观点和方法，批判地学习人类的知识财富，把来自前人、他人和外域的间接知识变为自己知识的血肉，这样，一旦需要这些知识的时候，它就会像泉水一样喷涌出来。王宏喜早年刻苦研读绘画史、人文历史、经典诗歌、人物传记，所积累起的知识"根据地"，在以后的艺术创作中起到了重要作用。

正如我在前言所说：喜闻浙江省海宁市建立王宏喜美术馆并于近期开馆，迎八方宾客前来参观，展示王宏喜的艺术成就，让更多的观众和美术爱好者、研究者能够比较全面地欣赏、解读王宏喜的作品。我不觉有冲动写一本《不忘初心，让作品说话——王宏喜评传》。

这本《不忘初心，让作品说话——王宏喜评传》得以问世，纯系感念、仰慕之激情所至。

既有心愿，即挤出时间通读王宏喜谈艺录，篇目整理好后，依次撰写，由此不难追寻王宏喜的艺术创作足迹，更感受到王宏喜以其孜孜不倦、不断进取的创新精神和风格，成为当今画坛"天纵其才"的人物画大家的心路历程。

《不忘初心，让作品说话——王宏喜评传》问世了，我要感谢中共中央宣传部原副部长、著名学者龚心瀚先生，他年高德劭，不辞辛劳，挥笔为本书写下序言。文中既称赞了王宏喜注重在作品中展现中华传统优秀文化内涵，展现历史大背景下的人情人性和浩然之气，又提纲挈领地介绍了王宏喜的书画创作成果，这不但能使读者了解王宏喜，而且能启发读者对承继中华传统优秀文化和艺术创新的思考，给本书增色尤多。

我还要感谢在王宏喜从艺七十余载举办的书画展、讲学、教授学生期间发表关于王宏喜的书画创作、艺术创新的评论文章的恩师、同事、学子、故乡友人以及著名学者、文化名人，他们"点点滴滴"的记述使我"读书得间"，使我在写作本书过程中或引用片断或开阔思路增益不少。

我还要感谢上海大学出版社领导的支持和帮助，以及编辑柯国富和祝亦菲严谨细致的审稿、编排工作。两位编辑着手成春，令我额手称庆，喜形于色；他们的辛勤付出使本书能在王宏喜美术馆开馆前顺利出版，令我感激不已。

最后需要说明的是：本书旨在全面反映中国人物画大家王宏喜的艺术人生和学术成就，然而限于本人的学识和能力，与读者见面的成书，离我的写作初衷还有些差距，特别是资料的选取还存在一些缺憾，敬请读者谅解。

傅明伟
2020 年初冬

王宏喜与苏春生、傅明伟谈笑风生

王宏喜、潘宝珠夫妇与傅明伟、重庆书画家罗玉平(右一)欢聚

王宏喜作品选

《海风》 182cm×157cm 2001年

王宏喜作品选 187

《脊梁》 143cm×374cm 1987年

《向海洋》 180cm×96cm 1999年

《黄海风》 136cm×68cm 1987年

不忘初心，让作品说话——王宏喜评传

《海之召唤》　180cm×60cm　1983年　　　《向海洋》　195cm×60cm　1987年

《船老大》　96cm×88cm　1990年　　　　《黄海渔民》　96cm×88cm　1990年

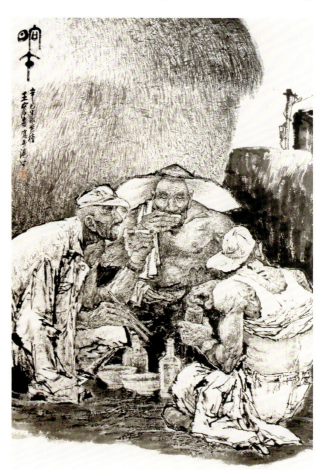

《晌午》　220cm×145cm　2004年

《海难》 145cm×365cm 2004年

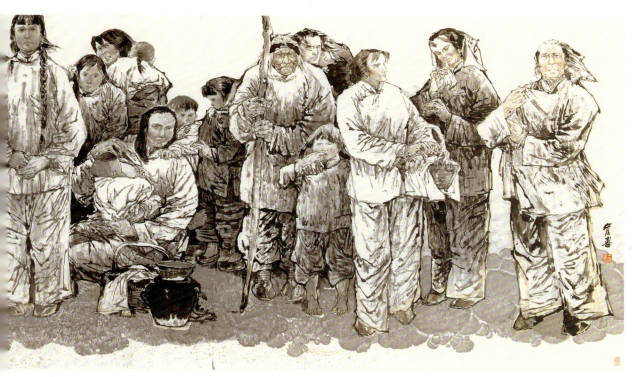

《望海》 145cm×365cm 2001年

《野柳潮汐》 96cm×180cm 1999年

《虎跳峡》 96cm×365cm 2003年

《鱼篮观音》 100cm×68cm 1999年

《聚焦长江口》 180cm×98cm 2002年

《世博功臣》 120cm×96cm 2010年

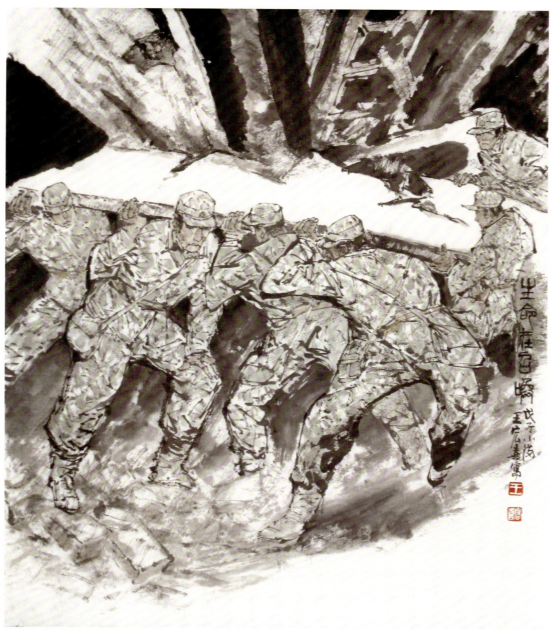

《生命在召唤》 78cm×68cm 2008 年

《乳娘》 176cm×146cm 2015年

《槟榔西施》 98cm×90cm 2006年

《张大千像》　68cm×68cm　1996 年

《小毛狗》　120cm×120cm　2005 年

《冬雪独钓》 46cm×34cm 1998年

《福寿永瑞》 138cm×68cm 1999年

《天佑中华》（王宏喜、潘宝珠合作） 136cm×63cm 2001年

《伏羲制卦图》 138cm×68cm 2000年

《西山放鹤图》 136cm×68cm 1996 年

《老子出关图》　136cm×68cm　1997年

《鉴真上人造像》　136cm×68cm　1996 年

《王维诗意图》 69cm×46cm 1999年

《香山九老图》 136cm×68cm 1985年

不忘初心，让作品说话——王宏喜评传

《东坡听琴图》 68cm×136cm 2014年

《白居易》 136cm×68cm 2006年　　　《李白》 136cm×68cm 2006年

《颜真卿》 136cm×68cm 2006年　　《韩愈》 136cm×68cm 2006年

216　不忘初心，让作品说话——王宏喜评传

《孔子问礼图》 68cm×136cm 2014年

《西园雅集图》 68cm×136cm 2013年

220　不忘初心，让作品说话——王宏喜评传

《盛世修典图》　145cm×720cm　2001年

《九方皋》　68cm×136cm　2014年

《峡江烟云》 96cm×180cm 1995年

《元春入宫》（《红楼梦》插图）
68cm×45cm　2000年

《元春省亲》（《红楼梦》插图）
68cm×45cm　2000年

《雪亭争联》（《红楼梦》插图）
68cm×45cm　2000年

《熙凤戏彩》（《红楼梦》插图） 68cm×45cm 2000年

《夜读春秋》(《三国演义》插图) 68cm×45cm 2002年

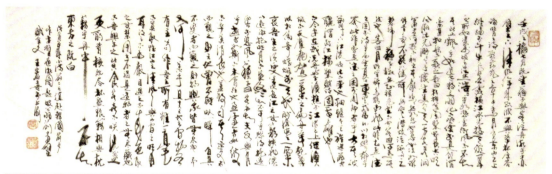

《赤壁赋》 98cm×68cm 1998年

《拜见宋江》(《水浒传》插图)
68cm×45cm 1999年

《李逵闹赌场》(《水浒传》插图)
68cm×45cm 1999年

《误入白虎堂》(《水浒传》插图)
68cm×45cm 1999年

《破戒喝酒》(《水浒传》插图)　68cm×45cm　1999年

不忘初心,让作品说话——王宏喜评传

《如来手掌》(《西游记》插图)
68cm×45cm　1999年

《悟空皈依》(《西游记》插图)
68cm×45cm　1999年

《安天大会》(《西游记》插图)
68cm×45cm　1999年

《三国演义、红楼梦》（扇面）　1985 年

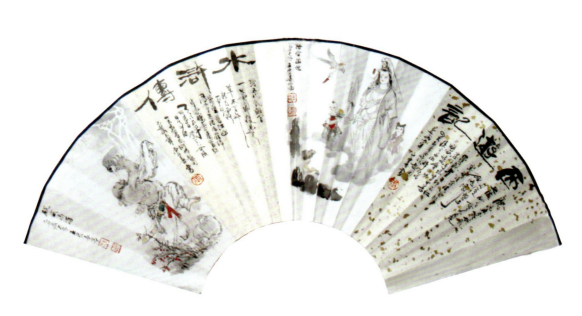

《西游记、水浒传》（扇面）　1985 年

《法轮初转》 175cm×124cm 2010年

《普渡众生》 175cm×124cm 2010年

《佛经东传》 175cm×124cm 2010年

《西天取经》 175cm×124cm 2010年

《天籁梵音》 175cm×124cm 2010年

《水月观音》（王宏喜、潘宝珠合作） 100cm×68cm 1994年

《李清照词意图》　105cm×47cm　1999 年

《白马驮经》 98cm×98cm 2017年

240　不忘初心，让作品说话——王宏喜评传

《十二金钗图》（王宏喜、潘宝珠合作）　61cm×130cm　2000年

《东坡品茗图》 90cm×180cm 1997年

《竹林七贤图》 96cm×238cm 1997年

246　不忘初心，让作品说话——王宏喜评传

《五百罗汉图》长卷（局部）　68cm×272cm　2004年

《五百罗汉图》长卷（局部）　68cm×272cm　2004年

《五百罗汉图》长卷（局部） 68cm×272cm 2004年

《五百罗汉图》长卷（局部） 68cm×272cm 2004年

《五百罗汉图》长卷（局部） 68cm×272cm 2004年

《五百罗汉图》长卷（局部） 68cm×272cm 2004年

《五百罗汉图》长卷（局部） 68cm×272cm 2004年

《五百罗汉图》长卷（局部） 68cm×272cm 2004年

《五百罗汉图》长卷（局部）　68cm×136cm　2004年

《五百罗汉图》长卷（局部）　68cm×136cm　2004年

《五百罗汉图》长卷（局部）　68cm×136cm　2004年

《五百罗汉图》长卷（局部）　68cm×136cm　2004年

256 不忘初心，让作品说话——王宏喜评传

《百年钩沉》 143cm×655cm 2014年

《慈云广被》　107cm×48cm　1999年

《醉书图》　90cm×47cm　1994年

《琵琶行》　45cm×68cm　2006年

《高路入云端》 136cm×68cm 2016年

《钟馗戏猴图》 70cm×70cm 2003年

《书蕉图》　136cm×68cm　2006 年

《板桥写竹图》 136cm×68cm 2010年

《明理伟业对联》（书法）
136cm×68cm　2015年

《茶余酒醉对联》（书法）
136cm×68cm　1996年

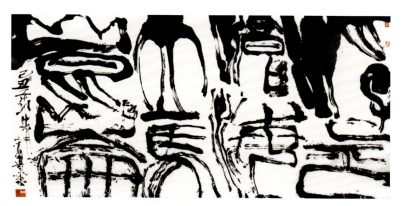

《浮舟沧海　立马昆仑》（书法）
68cm×136cm　1985年

《友天下士　读古人书》（书法）
46cm×68cm　2018年

图书在版编目（CIP）数据

不忘初心，让作品说话：王宏喜评传/傅明伟著．－－上海： 上海大学出版社，2020.11
　　ISBN 978-7-5671-4070-7

Ⅰ．①不… Ⅱ．①傅… Ⅲ．①王宏喜－评传 Ⅳ．① K825.72

中国版本图书馆 CIP 数据核字 (2020) 第 221774 号

责任编辑　柯国富
助理编辑　祝艺菲
技术编辑　金　鑫　钱宇坤
装帧设计　谷夫平面设计

策　　划　桂国强
绘　　画　王宏喜

书　　名	不忘初心，让作品说话：王宏喜评传
著　　者	傅明伟
出版发行	上海大学出版社
社　　址	上海市上大路99号
邮政编码	200444
网　　址	www.shupress.cn
发行热线	021-66135112
出 版 人	戴骏豪
印　　刷	上海颛辉印刷厂有限公司
经　　销	各地新华书店
开　　本	787mm×1092mm 1/16
印　　张	17.75
字　　数	355千
版　　次	2020年12月第1版
印　　次	2020年12月第1次
书　　号	ISBN 978-7-5671-4070-7/K・228
定　　价	280.00元